Meditación azteca

Meditación azteca

Héctor Grijalva

Angell
May / 03/ 16

Plataforma
Editorial

Primera edición en esta colección: septiembre de 2015

© Héctor Grijalva, 2015
© de la presente edición: Plataforma Editorial, 2015

Plataforma Editorial
c/ Muntaner, 269, entlo. 1ª – 08021 Barcelona
Tel.: (+34) 93 494 79 99 – Fax: (+34) 93 419 23 14
www.plataformaeditorial.com
info@plataformaeditorial.com

Depósito legal: B. 18-714-2015
ISBN: 978-84-16429-58-5
IBIC: VXM

Printed in Spain – Impreso en España

Diseño de cubierta y fotocomposición:
Grafime

El papel que se ha utilizado para imprimir este libro proviene
de explotaciones forestales controladas, donde se respetan
los valores ecológicos, sociales y el desarrollo sostenible del bosque.

Impresión:
Liberdúplex
Sant Llorenç d'Hortons (Barcelona)

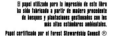

Poema náhuatl:

Comienza ya, canta ya, entre flores la primavera,
deléitate, alégrate, huya tu hastío, no estés triste,
¿vendremos otra vez a pasar por la Tierra?

Por breve tiempo, vienen a darse en préstamo,
los cantos y las flores del dios.

En verdad nunca acabarán las flores,
nunca acabarán los cantos,
floridamente se alegran nuestros corazones,
solamente estaremos un breve tiempo aquí en la Tierra.

Gózate, ¡oh!, cantor y ponte de pie.

Índice

Presentación |

Nací en Nogales, pequeña ciudad de Sonora, en México, en la frontera con Estados Unidos. Es una región desértica, en el pasado escenario de luchas feroces de apaches, pápagos y pimas contra el hombre blanco, cuyos rostros fueron primero el del conquistador español, después el del franciscano colonizador y, finalmente, los de las tropas de rurales mexicanos y la caballería estadounidense.

Mi niñez transcurrió embelesada con los relatos de mi abuelo Pancho sobre las luchas de los apaches indómitos, que nunca fueron vencidos en combate, reforzados, además, con el cine de mi infancia, rico en *westerns* –género al que llamábamos «películas de indios y vaqueros»–.

Desayunaba entonces un tazón de cereales con leche y rodajas de plátano. Eran hojuelas de maíz y ocasionalmente de arroz. Un día, vi que la cara posterior de la caja de cereales traía una estampa con la imagen de Acamapichtli, el primer *huey tlatoani* –emperador– azteca. Me impresionó la majestuosidad de su porte, su vestuario y su mirada estoica. Cada mes aparecía en la caja el siguiente gobernante. Los recorté de las cajas y los coleccioné todos, hasta el último, Cuauhtémoc.

Me pareció sorprendente que mis amigos del vecindario no se impresionaran con estos personajes. Solamente yo hice la colección. A partir de ese momento, cada vez que escuchaba en la escuela la historia de los aztecas, reforzaba mi interés por estos hombres a quienes percibía como valerosos y sabios. Lamentablemente, después de la escuela secundaria no se enseña más historia de nuestros antepasados en la educación oficial. De manera que procuré leer todo lo que caía en mis manos sobre toltecas, mayas, zapotecas y sobre la historia de la Conquista.

A los dieciocho años terminé la preparatoria y decidí estudiar Medicina en la Universidad Nacional, en Ciudad de México. Mi padre me dijo: «Lo lamento, hijo, pero eso no será posible. No irás a estudiar porque yo no puedo pagar esos gastos». Obtuve una beca de una fundación particular, y me dirigí a la capital del país convencido de que debía también conseguir un empleo. Pero nunca antes había trabajado, y prácticamente no sabía hacer nada, solo hablaba un poco de inglés.

Me inscribí en la Facultad de Medicina y obtuve un empleo como guía turístico. Mi trabajo consistía en mostrar a los paseantes estadounidenses y canadienses los sitios arqueológicos más importantes de la región, como Teotihuacan, Tula, el centro histórico de la capital, y el Museo Nacional de Antropología. No sabía mucho de esos temas, de manera que al tiempo que asistía a las clases de medicina, estudiaba la historia de los aztecas, la arquitectura y las leyendas del México prehispánico. Gracias a ello pude terminar mis estudios y convertirme en un profesional, de manera que siempre he estado, además de interesado por ellos, profundamente agradecido con mis ancestros.

En 1980 nos instalamos mi esposa, Lupita, y yo en la ciudad de Aguascalientes. Ella era psicóloga; yo, neurólogo. Al poco tiempo comprendí la importancia de combinar las dos actividades, y juntos estudiamos y comenzamos a practicar la psicoterapia Gestalt. Lupita inició este enfoque de pensamiento en la ciudad, y fue también la primera en impartir cursos sobre esta disciplina. Mi colaboración consistió en aportar fundamentos neurofisiológicos. Tuvimos la oportunidad de iniciar una universidad particular y de impartir en ella los primeros posgrados en el campo de la psicoterapia. La maestría en Psicoterapia Gestalt, la maestría en Psicoterapia Gestalt Infantil y el doctorado en Psicoterapias Humanistas tenían como base la técnica de Fritz Perls, pero desde el principio incluimos otras actividades, como la hipnosis, los procesos psicocorporales, la psicoterapia transpersonal y la meditación.

Tanto en la universidad como en mi consulta particular recurrí a la hipnosis, a las técnicas hipnagógicas y a la meditación, a través de las cuales incluíamos de manera empírica conceptos de la filosofía, la música y la espiritualidad azteca. La meditación con elementos de la cultura azteca comenzó a ser un elemento cotidiano en mi trabajo profesional.

Mientras trabajábamos en la universidad, pudimos contar con la colaboración de personajes destacados de la Gestalt de todo el mundo, como Claudio Naranjo, Pedro de Casso, Sonia Giménez y Quim Mesalles, representantes de la meditación como Ferrán Lacoma y Nela Bhárgavi, así como con la de un *geshe la*, quien nos impartió un curso de meditación tibetana, y la de Werner Meinhold, experto en hipnosis.

En medio de toda esa constelación de amigos profesores se dio un hecho particular, por el que me decidí a formalizar el trabajo que hacíamos. Hicimos una semana de meditación con Claudio Naranjo en Malinalco, estado de México. La experiencia fue sublime, de una paz inconmensurable gracias al contacto con el universo interior, el campo, la hierba y las flores. Claudio, con su enorme caudal de experiencia, nos compartió los diferentes estilos de meditación que aprendió en países asiáticos; meditamos en movimiento con una danzarina persa, y los estados de trance terminaban con el sonido de un pequeño gong. Fue entonces cuando me pregunté: si estamos en el centro de una tierra que fue habitada por aztecas y matlatzincas, rodeados de montañas y campos que fueron el eje de entrenamiento de los guerreros águila y los jaguar, en las que ejercieron su poderío Axayácatl y Ahuízotl, padre y tío de Moctezuma, en las que se erigió también el templo a Malinalxóchitl, diosa de la magia y la adivinación, ¿por qué no entonces meditar como lo hacían ellos?

De allí nació mi idea de presentar por primera vez una conferencia y un taller de meditación azteca en el I Congreso Internacional de Terapia y Meditación, celebrado en Barcelona en octubre de 2014.

Introducción |

Hernán Cortés y su ejército desembarcaron en las playas de México el 10 de julio de 1519 con la firme intención de alcanzar la ciudad de Tenochtitlán, de la que habían recibido muchos comentarios. Sabían por los relatos que era una ciudad grande y rica. Llegaron a la capital del imperio azteca cuatro meses después y, al entrar en ella, la compararon con las ciudades europeas. La describieron como dos veces mayor que Sevilla.

Pero no fue solamente el tamaño lo que les impresionó. Sabían que la región que apenas conocían no era la India ni la China, como había creído Cristóbal Colón, sino un mundo nuevo. Se encontraron frente a un pueblo con amplios conocimientos de astronomía, matemáticas, organización social y política. La arquitectura, la escultura, la pintura, la poesía y la orfebrería estaban sumamente desarrolladas.

Asimismo, se dieron cuenta de que su religión estaba bien estructurada, con una base filosófica propia, una mitología original y una férrea disciplina personal, manifestada por la costumbre de meditar y hacer sacrificios.

La guerra de la Conquista duró dos años, y en ella fueron destruidos edificios, culturas y hombres. En la etapa de reconstrucción participaron militares y religiosos. Los gobernantes utilizaron las ruinas de las pirámides para levantar edificios de estilo europeo. Los misioneros se dieron a la tarea de instalar una nueva religión sobre las creencias de los aztecas, que consideraron heréticas y diabólicas.

La nueva fe exigió que se destruyeran las imágenes religiosas, a las que llamaron «ídolos», y también las creencias. ¿Qué ocurrió con la meditación? Si bien es cierto que no existe ningún texto en el que se describa explícitamente la prohibición de meditar, resulta lógico pensar que esta práctica se incluyó dentro de las prohibiciones de actos que se consideraban idólatras.

Los aztecas aceptaron la nueva religión, sin embargo, a su práctica le incluyeron rituales que ya celebraban. Las danzas, la música, los festivales y los juegos revistieron el cristianismo, de manera que desde entonces se celebra con un sincretismo cultural e ideológico sumamente vistoso y colorido.

La diferencia fundamental entre la filosofía azteca y la europea residía en el «naturalismo». Los habitantes del Nuevo Mundo no se ocupaban del «racionalismo», pues todo su pensamiento se relacionaba con el entorno. Todo se vinculaba con las plantas, las flores, los animales y los fenómenos meteorológicos. El ser humano era visto como uno más de los seres vivos sobre la faz de la Tierra.

La meditación se convirtió en oración.

1.
Fundamentos ideológicos
de la meditación azteca

Desde sus primeros años de existencia, durante el periodo llamado «clásico», el pensamiento azteca desarrolló una diferencia clara entre religión y filosofía. Los hombres sabios –*tlamatini*– permitieron que el pueblo siguiera celebrando los rituales con los que honraban a sus múltiples dioses y preservaron las leyendas que dieron origen a su cosmovisión.

Sin embargo, se aseguraron de elaborar una estructura ideológica que explicara la función del hombre y su relación con el entorno, sin que en este proceso intervinieran los dioses.

Esta es la diferencia fundamental entre la meditación azteca y la practicada en los pueblos asiáticos: una clara separación de la religión. Para los mexicas, meditar no era una función dirigida a sus dioses o a sus creencias, era un acto esencialmente humano y dirigido a contactar con la naturaleza, y con ello encontrar la armonía personal y resolver sus conflictos.

La meditación de los aztecas se dirigía frecuentemente a los cuestionamientos existenciales. Llama la atención la insistencia en la transitoriedad de la vida, en gozar con gran fervor de la naturaleza, y la invitación al desapego y a disfrutar de lo que se tiene en vida:

> Lo dejó dicho Tocihuitzin, lo dejó dicho Coyolchuiqui:
> «Solo venimos a dormir, solo venimos a soñar,
> no es verdad, no es verdad que venimos
> a vivir sobre la Tierra,
> cual cada primavera de la hierba. Así es nuestra hechura,
> viene y brota, viene y abre corolas nuestro
> corazón, algunas flores echa nuestro cuerpo».

Y entre los poemas que, «con fundamento», como anota Garibay, pueden atribuirse al célebre rey Nezahualcóyotl, hay también varios en los que se comprueba que la meditación sobre la transitoriedad de todo lo que existe fue fundamental y punto de partida de reflexiones posteriores del rey poeta de Texcoco, Nezahualcóyotl:

> ¿Es verdad que se vive sobre la Tierra?
> No para siempre en la tierra: solo un poco aquí,
> aunque sea jade se quiebra, aunque sea oro se rompe,
> aunque sea plumaje de quetzal se desgarra,
> no para siempre en la Tierra,
> solo un poco aquí.

J. M. G. Le Clézio, escritor francés y Premio Nobel de Literatura en 2008, escribió sobre las culturas mayas, purépechas y toltecas. En su libro *El sueño mexicano o el pensamiento interrumpido* hay un capítulo titulado «El trance». En él describe la necesidad de los mesoamericanos de unificar su pensamiento con la naturaleza. Las emociones, las ideas, las alegrías y los sufrimientos se expresaban siempre en términos de «agua», «viento», «fuego», «aire», «tierra», «flores», «frutos» o «animales».

Los mesoamericanos tenían, además, un lenguaje metafórico que los hacía hablar, escribir y, seguramente, pensar en términos poéticos.

De manera que meditar les resultaba fácil. Cuando tenían que tomar una decisión, reflexionar sobre un asunto importante o vivían un conflicto familiar o de pareja, tenían por costumbre apartarse de los demás. Buscaban un lugar solitario, donde nadie los interrumpiera, y meditaban, seguros de que su sabiduría interior y la madre naturaleza les darían la solución.

En su libro *Aztecas-Mexicas. Desarrollo de una civilización originaria*, Miguel León-Portilla explica que

para los mexicas todo lo que existía estaba integrado en el universo. Los cálculos del tiempo, las edades cósmicas, la guerra, el florecimiento de sus cultivos, las enfermedades, los juegos, la alegría, el nacimiento de los hijos; todo tenía fundamento y explicación. Y todo se encontraba en el entorno, en el universo circundante. Para conocerlo y entenderlo bastaba con meditar.

La meditación resolvía los problemas cotidianos de una forma más rápida y efectiva que la religión. Se recurría especialmente a la religión para calmar a los dioses y evitar los grandes cataclismos.

Los tres
principios universales

Según los aztecas, todas las criaturas y seres mundanos poseen dentro de sí una materia o sustancia imperceptible. Es el *yólotl* o «vida», una esencia inmortal que trasciende a los seres temporales. Existe, por lo tanto, un *yólotl* del maíz, uno de la piedra, del río, del aire, del venado, del fuego y de la flor.

Los seres humanos, señalaban los mexicas, tenemos un *yólotl* o «vida» que no es diferente de los demás. Ninguno es más importante que los otros. Por ello convivimos en armonía con el agua y la tierra, la estrella y el jaguar. Todos somos seres espirituales y tenemos una función en esta vida. El hombre que respeta y tiene consideración hacia los seres mundanos, se respeta a sí mismo, vive en conjunción con el medio y logra el equilibrio.

De acuerdo con los nahuas, la diferencia está en que el hombre es el único capaz de hacer música, poesía y canto, y por ello se le respeta y se le quiere más que a los demás seres mundanos. El emperador de Texcoco, Nezahualcóyotl (1402-1472), fue un gran estratega militar, hábil gobernante

y competente arquitecto, aunque fue famoso especialmente por sus poemas. En uno de ellos reconoce el *yólotl* de los
animales y de los elementos de la naturaleza, pero destaca
también el papel del ser humano:

Amo el canto del *tzentzontle* (ruiseñor),
ave de cuatrocientas voces,
amo el verde del jade,
amo el campo y el aroma de sus flores,
pero amo más a mi hermano el hombre.

Ometéotl. El ser dual

Todos los seres mundanos se agrupan en dos esencias opuestas y complementarias. Una es lo seco, lo caliente, lo luminoso y lo masculino. La otra es lo húmedo, lo frío, lo oscuro
y lo femenino.

Ningún ser tiene solamente una esencia, todos somos
duales. Por ello, en ocasiones somos seres de luz y, en el siguiente instante, podemos ser tenebrosos. Nuestro compor-
tamiento puede ser muy firme, decidido y valiente, y, un
día después, podemos ser tímidos, titubeantes e indecisos.
Todos somos así. En todos nosotros actúan las dos esencias.
La sabiduría (*neltiliztli*) está en reconocer y aceptar que somos así, duales. Cuando permitimos que predomine una de
nuestras esencias, rompemos la armonía.

Moyocoyatzine. El que siempre se está inventando a sí mismo

En este principio se da la alternancia del poder. Las fuerzas opuestas se suceden para crear ciclos que dan continuidad al mundo.

Ninguno de nosotros es siempre el mismo, siempre estamos cambiando. Cambian los vientos, que en una época del año soplan suavemente y después pueden convertirse en tormentas. La planta del maíz da frutos abundantes y después se seca y se convierte en paja. El pato (*xómotl*) nada placenteramente en la laguna y, súbitamente, levanta el vuelo y desaparece, para después volver en la siguiente temporada.

El niño (*itzcuintli*) seguirá siendo el mismo cuando sea viejo (*huéhuetl*), aunque será diferente. Y tiene que ser así, pues de lo contrario no se cumplirían los ciclos. De manera constante, somos los mismos y somos diferentes, de un día para otro, y también en el mismo día. Los seres humanos y los mundanos no somos, *estamos siendo*.

Con base en estos tres principios universales, los aztecas desarrollaron algunos conceptos que aún hoy tienen vigencia en el campo de la meditación.

Tloque nahuaque. El señor del «cerca» y el «junto»

Uno de los muchos nombres usados por los aztecas para nombrar a Dios era «el Señor, o el Amo o el Dueño del "cerca" y el "junto"».

El concepto implica una idea al mismo tiempo simple y compleja: Dios es alguien cercano porque está presente en todas las cosas. Todo lo que nos rodea es Dios, todos los animales, vegetales, rocas y cualquier elemento de la naturaleza son cercanos al individuo. Vivimos entre ellos, convivimos con ellos, los hacemos nuestros. La cercanía que tenemos con todos los elementos del mundo es una aproximación a Dios. Al mismo tiempo, Dios es «junto». El hombre es uno mismo con Dios, es unidad e identificación. Así como todos los seres mundanos son Dios, el ser humano es también uno de ellos.

La separación virtual que implica ser al mismo tiempo «cerca» y «junto» refuerza el concepto de «dualidad-individualidad», y también el de «individualidad-universalidad».

In ixtli, in yolotli. El rostro y el corazón

La palabra que los aztecas utilizaban para decir «persona» eran en realidad dos. Decían: «*In ixtli, in yolotli*» («el rostro y el corazón o la vida»), que de manera inseparable expresaban que el ser humano no podía ser solamente la cara, sino que tenía que incluirse su esencia vital interna.

De manera que cuando dos hombres se saludaban, se miraban a los ojos y al mismo tiempo procuraban ver en ellos el estado emocional del otro. Nunca confiaban en lo que expresaban solamente los gestos faciales, siempre esperaban a escuchar lo que comentaba sobre sus sentimientos.

Entre los aztecas, la mentira era un gran deshonor. A los niños en la escuela primaria (*tepuzcalli*) se les enseñaba a hablar siempre con la verdad. La mentira y la traición se consideraban altamente despreciables. Por eso, cuando conversaban, los mexicas tenían gran facilidad para comunicar sus emociones y sus pensamientos.

Hay una gran cantidad de figuras de cerámica que muestran rostros cubiertos de dos o tres capas de otras caras, con lo cual querían expresar que al hablar los hombres iban quitándose máscaras para mostrar su verdadero *yo*.

Lo importante no era solo el rostro (*in ixtli*), sino la unión con el ser interno (*in yólotl*), es decir, la persona como una totalidad.

In xóchitl, in cuícatl. La flor y el canto

La flor (poesía) y el canto son actividades que solo puede desarrollar el ser humano. Por lo tanto, a través de estas se identifica como ser único, y más cercano a Dios que los demás seres que pueblan la Tierra. Poesía y canto son los lenguajes mediante los cuales el hombre puede contactar con Dios.

El poeta Ayocuán se preguntaba:

¿Acaso puede ser un lenguaje para
hablar con el Dador de la vida?
¿Son tan solo un recuerdo del hombre en la Tierra?
¿Perduran quizá en el más allá?

Ayocuán cuestionaba la existencia del hombre en la Tierra, lo perecedero de la vida y la transitoriedad. Siempre lo expresaba a través de poemas, y dejaba claro que los hombres y las cosas pasan, pero la música, el canto y la poesía perdurarán para siempre.

Solo ¿he de irme?
¿Como las flores que perecieron?
¿Nada quedará en mi nombre?
¡Al menos poemas, al menos cantos!
¿Qué podrá hacer mi corazón (vida)?
En vano hemos llegado,
en vano hemos brotado aquí en la Tierra.

Gocemos, oh, amigos,
haya abrazos aquí,
ahora andamos sobre la tierra florida,
nadie hará terminar aquí
los poemas y los cantos.
Ellos perduran en la casa del Dador de la vida.

Ayocuán, incluso, se permite preguntarse si en el más allá, en el sitio donde se origina la vida, sucede lo mismo que acá en la Tierra, donde existen la alegría y la amistad:

> Aquí la Tierra es la región del momento fugaz.
> ¿También es así el lugar
> donde de algún modo se vive?
> ¿Allá se alegra uno?
> ¿Hay allá amistad?
> ¿O solo aquí en la Tierra hemos veni-
> do a conocer nuestros rostros?

Aquiahutzin, poeta nahua, también cuestionaba la temporalidad del hombre sobre la faz de la Tierra, pero se atrevió a suponer que hay un más allá donde las cosas pueden ser mejores.

> ¿Somos acaso verdaderos los hombres?
> ¿Mañana será aún verdadero nuestro canto?
> ¿Qué está por ventura en pie?
> ¿Qué es lo que viene a salir bien?
> Aquí vivimos, aquí estamos.
> Pero somos indigentes, oh, amigo.
> Si te llevara allá,
> allá sí estarías de pie.

El nahual

El dios más importante de la teogonía azteca era Quetzalcóatl, cuyo nombre significa «serpiente emplumada». A la llegada de los conquistadores españoles, el dios que presidía el templo mayor en la Gran Tenochtitlan era Huitzilopochtli o «colibrí zurdo».

La gran diosa madre, que tenía gran cantidad de advocaciones en diosas menores, era Coatlicue, o «la de la falda de serpientes».

Es evidente la costumbre de usar nombres de animales como parte de los suyos propios.

Quetzalcóatl fue un redentor. Viajó al oscuro mundo de los muertos, llamado «*mictlán*», para rescatar los huesos de sus antepasados y devolverlos a la vida. Era un viaje difícil porque las deidades del inframundo harían todo lo posible para impedir su labor. Por ello, Quetzalcóatl no hizo el viaje solo, lo hizo acompañado de su nahual, Tezcatlipoca.

Miguel León-Portilla explica en su libro *Los antiguos mexicanos* que los dos personajes no eran hermanos, sino «dos en uno mismo», lo que reafirma el concepto del nahual como una duplicidad-unidad; es decir, lo oculto que permanece dentro del ser humano en todo momento y se descubre en los momentos necesarios.

En *El pasado indígena*, Alfredo López Austin describe el pensamiento mesoamericano como «original», pues hombres y dioses tienen la facultad de ser uno y varios al mismo tiempo –en un esquema de pensamiento contemporáneo, sería como aceptar los diferentes matices de nuestra personalidad–. Esta facultad del hombre era vista como una capacidad y, al mismo tiempo, una necesidad de explicarse a sí mismo las diferentes potencialidades, los rasgos del carácter y las carencias, elementos que en ocasiones convivían en armonía y, a veces, desastrosamente.

La otra personalidad, el lado oculto, era expresada en el nombre del individuo, con la participación de un animal totémico protector o emblemático.

Cuando nacía un niño, el padre de familia trazaba alrededor de la casa (*jacal*) un círculo de ceniza. A la mañana siguiente, todos los parientes iban a buscar la huella del animal que hubiese pisado la ceniza. Al niño se le daba el nombre del animal que visitase la choza durante la noche. A partir de ese momento, el niño usaría *ese* nombre y estaría protegido por *este* animal; además, adquiriría sus destrezas. Al llegar a la adolescencia, el chico tenía derecho a cambiarse el nombre. Para ello tenía que ir al *telpochcalli* (escuela de enseñanza media), donde recibía entrenamiento militar; se levantaba de madrugada, se bañaba en agua helada, comía frugalmente y hacía penitencia pinchándose los brazos y las piernas con púas de maguey. Meditaba, y durante una sesión de meditación recibía el mensaje divino, aparecía frente a él la imagen del que sería de ahora en adelante su animal protector; entonces se cambiaba el nombre. En ocasiones, la figura que aparecía no era un animal, sino un elemento de la naturaleza, como el agua, el fuego, el viento o el pedernal, y de la misma manera era aceptado como nombre. Algunos de los emperadores aztecas eran:

- Tozcuecuextli: «loro amarillo».
- Huitzilíhuitl: «colibrí».
- Acamapichtli: «manojo de cañas».
- Itzcóatl: «serpiente de obsidiana».
- Ahuízotl: «nutria».
- Nezahualcóyotl: «coyote flaco».
- Cuauhtémoc: «águila en picada».

El nahual, sin embargo, no era solamente un nombre o un talismán, era el concepto de «*alter ego*»; los conceptos actuales de «sombra», «dualidad», «lado oscuro» o «lado no aceptado». Ese «otro yo» que convive dentro, por siempre, y está al acecho, presto a actuar cuando dejo de ser yo a causa de un rompimiento emocional, una crisis existencial o como respuesta ante una agresión.

Este es el concepto de «nahual» que utilizaremos en este libro, pues los trabajos de meditación irán dirigidos a la identificación con ese lado oculto, con esos recursos no identificados, con esas destrezas no ejercidas. El animal o el elemento de la naturaleza propicio para la persona.

2.
El sitio para meditar

La meditación azteca puede hacerse en cualquier lugar, no precisa de un sitio específico o de destinar un rincón de la casa para ello. Puede practicarse en la oficina, en un parque, en un jardín o en la habitación de la casa que te resulte más cómoda.

La postura que se sugiere es también la más confortable. No es preciso adoptar ninguna posición estricta, y lo primero que se pide es que no sea forzada, rígida o estereotipada. Los aztecas acostumbraban a meditar sentados, con las manos sobre las rodillas, los muslos o el abdomen. Podían estar sentados en las sillas de madera y cuero, llamadas «equipales» (*icpalli*), que tenían respaldo, para que la espalda no se cansara, o también en el suelo, sobre un «petate» (*pétatl*), que es una estera tejida de hojas de palma, siempre recostados contra una pared, un pilar o un árbol.

En la arquitectura y en la cerámica religiosa, tanto de los mayas como de los toltecas, es frecuente la figura de un hombre acostado en el suelo, con las rodillas flexionadas y las manos sobre el abdomen, que sostiene un cuenco sobre el que se depositaban las ofrendas que se iban a incinerar, ya fueran copales, flores, frutas o animales. Estas figuras son conocidas como *chac mool*, y llaman la atención por la postura del personaje, que a simple vista parece bastante incómoda. Sin embargo, ahora sabemos que, en realidad, solían estar reclinados contra alguna de las paredes o columnas de los templos. En meditación.

Los aztecas quemaban incienso en ceremonias religiosas. Colocaban sobre las brasas piedrecillas de la resina de copal (*copalcuahuitl*), un árbol de la familia de las burseras, costumbre que todavía se mantiene; sin embargo, esta no es ideal para meditar, pues los sacerdotes mexicas utilizaban el copal como una ofrenda exclusiva a los dioses, no a los mortales. Meditar es una actividad humana y dirigida al ser interior, de manera que los dioses no están incluidos, por lo tanto, no se aconseja.

En cambio, sí se recomienda colocar aromas naturales de flores y frutas. La intención es que se haga una comunión exterior-interior.

Nuestros antepasados colocaban vasijas con flores de dalia, nardos, buganvilias, huele de noche, cempasúchil, cuetlaxóchitl (nochebuena o *poinsettia*) y rosas. O en su lugar podía ser un canasto (*ténatl*) con frutas olorosas como el melón, la guayaba, la piña o la papaya.

En todo caso, puedes colocar las flores o las frutas que más te agraden o las que encuentres a tu alcance.

La música de fondo es opcional. Los aztecas meditaban en silencio, pero tú puedes hacerlo con música prehispánica, melodías suaves o sonidos de la naturaleza.

Nezahualcóyotl, el emperador poeta, era también un notable arquitecto. Cerca del palacio que heredó de su padre, Axayácatl, hizo construir amplios jardines con lagos y riachuelos. El jardín estaba poblado de árboles de ahuehuete y jacaranda, y ornado con flores de buganvilia y dalia. Era su lugar favorito para escribir y meditar. Cuando creaba sus poemas, le gustaba estar acompañado de su hijo, Nezahualpilli, y de algunos músicos, pues su poesía la componía como canciones.

Cuando meditaba, lo hacía solo. Después, en su palacio, traducía sus pensamientos en versos. Como resultado de una de sus meditaciones nos dejó esta reflexión sobre la aceptación de la muerte como una realidad, y la confianza en un más allá:

¿Adónde iremos? ¿Adonde la muerte no existe?,
mas ¿por esto viviré llorando?
Que tu corazón se enderece,
aquí nadie vivirá para siempre,
aun los príncipes a morir vinieron,
los bultos funerarios se queman.
Que tu corazón se enderece,
aquí nadie vivirá para siempre.

3.
Meditación individual,
tlákatl moteopeyotsi

Incluso si se hace en grupo, la meditación es esencialmente un ejercicio personal. Una vez que se inicia el trance, el individuo mantiene un diálogo interno consigo mismo. Los aztecas se referían a la meditación como una «conversación con mi nahual».

Al fin y al cabo, si el meditante está solo o si escucha una voz exterior, ya sea la de un maestro conductor o proveniente de una grabación, los mecanismos neurofisiológicos que sugieren y estimulan escenas y reacciones viscerales y corporales son exclusivamente individuales.

Al cerrar los ojos, una persona deja de recibir estímulos visuales, los que en gran medida nos mantienen en estado de alerta y conectados con el mundo. Cuando cerramos los ojos, disminuye el trabajo del lóbulo occipital. Cuando adquirimos una posición cómoda y eliminamos lo que nos estorba, nos deshacemos de los estímulos sensoriales; se inhibe el lóbulo parietal. El silencio o la música monótona liberan al practicante de los sonidos que pudieran distraerlo. El lóbulo temporal se inactiva. El aroma persistente de una flor o de una fruta evitan que se entrometa algún olor ajeno y, de esta manera, se suaviza la acción de la punta del lóbulo temporal, de modo que solo quedan activos los polos frontales, y eso permite la visualización y el diálogo hacia el interior del cerebro.

La persona está lista para su conversación consigo misma.

Los aztecas meditaban al atardecer. El Sol (*tonatiuh*), después de haber obsequiado luz, energía y calor, se perdía en el mundo oscuro (el *mictlán*) para combatir a los seres de las tinieblas. La humanidad, agradecida, se disponía a meditar, pues con ello ayudaban al Sol en su tarea, y se aseguraban de que a la mañana siguiente resurgiera por el Oriente, con renovado vigor.

El antropólogo mexicano Alfonso Caso describe este pensamiento en su libro *El pueblo del Sol*:

[El Sol es] el joven guerrero que nace todas las mañanas del vientre de la vieja diosa de la Tierra, y muere todas las tardes para alumbrar con su luz apagada el mundo de los muertos. Pero al nacer, el dios tiene que entablar combate con sus hermanos, las estrellas, y con su hermana, la Luna, y armado de la serpiente de fuego, el rayo solar, todos los días los pone en fuga y su victoria significa un nuevo día de vida para los hombres. Al consumar su victoria es llevado en triunfo hasta el medio del cielo por las almas de los guerreros que han muerto en la guerra o en la piedra de los sacrificios, y cuando empieza la tarde, es recogido por las almas de las mujeres muertas en parto, que se equiparan a los hombres porque murieron al tomar prisionero a un hombre, el recién nacido… Todos los días se entabla este divino combate; pero para que triunfe el Sol, es menester que sea fuerte y vigoroso, pues tiene que luchar contra las innumerables estrellas… Por eso el hombre debe alimentar al Sol con sus ofrendas, su armonía y su paz. Y esto lo consigue meditando. El azteca, el pueblo de Huitzilopochtli, es el pueblo elegido por el Sol.

Jacques Soustelle, etnólogo francés experto en culturas mesoamericanas, describe en un libro, *Pensamiento cosmogónico de los antiguos mexicanos*, en qué se basa la mentalidad azteca, que considera el ambiente, el entorno y el mundo una integración total del ser humano. Sin divisiones ni fronteras corporales o mentales. Por ello, el acto de meditar es una integración en el universo:

El pensamiento cosmológico mexicano no distingue radicalmente el espacio y el tiempo; se rehúsa sobre todo a concebir el espacio como un medio neutro y homogéneo, independiente del desenvolvimiento de la duración. Este se mueve a través de medios heterogéneos y singulares, cuyas características particulares se suceden de acuerdo con un ritmo determinado y de una manera cíclica. Para el pensamiento mexicano no hay un espacio y un tiempo, sino espacios-tiempos, donde se hunden y se impregnan continuamente de cualidades propias los fenómenos naturales y los actos humanos. Cada «lugar-instante», complejo de sitio y acontecimiento determinan de manera irresistible todo lo que se encuentra en él. El mundo puede compararse a una decoración de fondo sobre la cual varios filtros de luz de diversos colores, movidos por una máquina incansable, proyectan reflejos que se suceden y superponen, siguiendo indefinidamente un orden inalterable.

Ángel María Garibay, filólogo, historiador y sacerdote católico, experto en el náhuatl, tradujo una gran cantidad de códices, con contenidos poéticos e históricos. Garibay define la poesía azteca como una reflexión filosófica, pues su lenguaje es esencialmente metafórico, y todo se dice a través de poemas. La meditación era un discurso filosófico de cuestionamientos existenciales, según se aprecia en estos poemas de Tlacaélel, que Garibay recoge en su *Historia de la literatura náhuatl*:

> Pero ¿algo verdadero digo?
> Aquí, ¡oh!, tú, por quien se vive,
> solamente estamos soñando,
> solamente somos como quien despierta
> a medias y se levanta…

O en esta otra serie de preguntas sobre el más allá, del que, confiesa, no sabe nada con certeza:

> ¿Son llevadas las flores al reino de la muerte?
> ¡Es verdad que nos vamos, es verdad que nos vamos!
> ¿Adónde vamos, adónde vamos?
> ¿Estamos allá muertos o vivimos aún?
> ¿Otra vez viene allí el existir?

Y así como estos, nos salen al paso en incontables ocasiones discursos y poemas que, con igual derecho que las sentencias de Heráclito, el poema de Parménides o los himnos védicos, merecen ser tenidos por reflexiones filosóficas.

4.
Algunos ejemplos de meditación para casos particulares

Atl, «agua»

Espacio de meditación dirigido a la limpieza interior.
Mediante el *atl* se da un proceso de sanación en el que
se utilizan el flujo, la transparencia, la frescura y la música
del agua hacia el interior del cuerpo, en consonancia con el
caudal de un río, una laguna o del mar.

Este ejercicio es recomendable para personas que se sienten contaminadas por su historia, sus relaciones personales
o laborales y para quienes se sienten agobiadas por los problemas de la vida diaria: su trabajo, la rutina, las deudas, la
insatisfacción con sus metas y proyectos, o la incomodidad
en su relación de pareja.

Inducción

Procura dedicarle un tiempo en el que creas que estarás libre, sin interrupciones. Elige un sitio donde puedas sentarte
o recostarte confortablemente. Si puedes hacerlo, coloca una
flor o una fruta cerca de ti para percibir su olor. Si lo deseas,
puedes poner una música suave. Ahora comienza a leer lenta

y pausadamente. Si quieres, graba tu voz y, a continuación, cierra los ojos —que mantendrás cerrados durante todo el ejercicio— y escucha.

Trance

En este momento me concentro en mi respiración, me hago consciente del aire que entra al inhalar y todo lo que sale al espirar, durante tres respiraciones profundas.

Ahora dirijo mi energía y mi atención hacia mi interior. En este momento, me veo a mí mismo caminando por un sendero en un bosque solitario. Percibo con claridad el camino, con sus piedrecillas y el polvo, a los lados veo matorrales, plantas y flores. Un poco más allá, en la distancia, los árboles. Escucho el silbido del aire y el canto de los pájaros. Al frente, a lo lejos, veo la montaña. Después de un largo trayecto, siento cansancio. Las piernas me duelen, siento los hombros pesados y el cuello endurecido. Mi paso se hace más lento. Siento una gran fatiga.

Ahora me doy cuenta de que a un lado del camino hay un bosquecillo de árboles altos, frondosos y verdes. Me desvío del sendero y me dirijo hacia allí.

En este momento, estoy caminando entre los primeros árboles, siento la frescura de su sombra, el olor a pasto fresco, a humedad, y comienzo a sentirme aliviado. Camino entre los troncos de los árboles, cuando comienzo a escuchar el sonido del agua. Pienso que cerca de allí debe haber un arroyo.

A algunos pasos de distancia encuentro un arroyo fresco, limpio y cristalino. El sonido del agua fluye entre las rocas, semeja música de campanillas. Puedo ver el fondo con la arena limpia, fina y suave, y las plantas acuáticas entre las rocas.

Me siento a un lado del arroyo e introduzco mis manos en la corriente. De inmediato, siento la caricia del agua entre mis dedos; la frescura y la limpieza. Ahora llevo algo de esa agua en mis manos, y me lavo la cara, me humedezco la cabeza y el cuello. Siento un gran descanso. Ya no hay fatiga, cansancio ni agobio.

Sentado en la orilla, contemplo el fluir del arroyo. Me doy cuenta de que percibo el movimiento del agua gracias a la orilla. La ribera se mantiene inmóvil, y ello me permite darme cuenta de que el riachuelo avanza. Si todo estuviera en movimiento, o todo estuviera quieto, no me daría cuenta de nada. El agua fluye, mientras el fondo arenoso y las rocas permanecen. El agua choca contra las piedras, y gracias a ello produce música.

Ahora me pongo en el lugar del agua, diciéndome: «Así soy yo. Me gusta fluir, avanzar, ir siempre hacia delante, no detenerme, buscar nuevas rutas, hacer música. Pero si estoy siempre en movimiento, termino por cansarme, por aburrirme y me doy cuenta de que veo muchas cosas, pero no las contemplo».

Me pongo en el sitio de la ribera y observo, miro, contemplo. Ahora puedo ver con detenimiento todas las cosas que no logro apreciar cuando me muevo con rapidez.

Ahora me doy cuenta de que puedo ser corriente y ribera, orilla y flujo.

Siento con claridad los golpes que me he dado contra las rocas. Fueron difíciles. Sin embargo, de cada uno de ellos obtuve música. Ahora sé que cada sonido resultó ser un aprendizaje, una experiencia valiosa.

Hay hierba en la orilla, ramas que sobresalen de la superficie del arroyo y plantas que se arrastran por el fondo. Todas tienen vida. Y así soy yo, lleno de vida en cada una de mis manifestaciones.

Estoy lleno de vida cuando fluyo, trabajo, convivo, y lo hago con agrado. Soy yo, también vivo, cuando contemplo, observo, reflexiono y medito. Aunque no me mueva. Soy vida también cuando choco, me golpeo contra otros, me desvío de mi flujo, incluso cuando yo golpeo. Finalmente, de todo habré de obtener música, experiencia y aprendizaje.

Ahora, durante un rato, estaré así: contemplando, llenándome de imágenes.

En este momento decido ponerme de pie. Vuelvo al camino, de regreso. Fresco, renovado, descansado.

Y ahora me digo a mí mismo: «¿Cómo es esto en mi vida? ¿Cómo lo hago en mis quehaceres diarios? ¿Qué resultados he obtenido? Pero, sobre todo, ¿qué voy a hacer ahora?».

Ehécatl, «viento»

Espacio de meditación orientado al desapego.

El viento que nos permite respirar y acaricia nuestros rostros trae mensajes de regiones lejanas. Podemos aspirarlo, reconocerlo, deleitarnos y retenerlo unos instantes. Ese aire siempre habrá de salir, volverá a convertirse en viento y se alejará. Siempre se va.

Los aztecas construyeron pirámides y templos dedicados al dios Ehécatl, que tenían una característica única: eran circulares. A diferencia de la gran variedad de pirámides de esquinas agudas y cortantes, los templos redondeados tenían como fin que cuando la deidad soplara por su casa, esta no sufriera daño, porque el aire siempre está de paso, nunca se queda.

En ocasiones, los mexicas temían al aire porque traía cosas malas de otros lugares, como polvo, humedad, polen, olores fétidos y suciedad, los cuales podían enfermarlos. Este era un aire que debían dejar pasar rápidamente. Retenerlo en los pulmones o en el interior de las casas era dañino. En cambio, el mismo viento traía aromas perfumados de flores que avisaban de la llegada de la primavera, el olor del maíz maduro que anunciaba una buena cosecha, la fragancia de las frutas que garantizaban alimento. Con todo, ese aire también se va.

Inducción

Asegúrate de que dispones de un tiempo para ti, sin interrupciones. Recuéstate o acuéstate en una postura cómoda, elimina de tu cuerpo cualquier objeto que te estorbe. Coloca cerca de ti una vasija con flores o frutas aromáticas. Respira suave, profunda, relajada y reposadamente. Ahora comienza a leer lenta y pausadamente. Si quieres, graba tu voz y, a continuación, cierra los ojos –que mantendrás cerrados durante todo el ejercicio– y escucha.

Trance

Concentra toda tu atención y energía en lo más profundo de ti mismo. Localiza esa fuerza en el centro de tu pecho. Mientras respiras suave y relajadamente, vas a visualizar el aire que entra en tus pulmones. Siéntelo entrar en tu organismo. En este momento, ves ese aire fresco, limpio y transparente. Sientes cómo ese viento lleno de oxígeno te da energía y vida, impregna tu sangre y fortalece tu cuerpo.

Te das cuenta de que en algunas ocasiones el aire que entró en tu cuerpo no estaba limpio. Llegó a ti contaminado, cargado de olores desagradables, humo, polvo, suciedad, microbios y esmog. Ese aire te ha hecho daño. Tal vez no supiste cómo evitarlo, tal vez lo inhalaste consciente de que no era bueno, y pagaste las consecuencias con tu salud. Ese aire corrompido y pútrido llevaba dentro de sí algo de oxígeno, que aprovechaste. Tal vez, para eliminar el resto, tuviste que estornudar, toser, producir flemas y sentir ahogo y dolor. Finalmente lo expulsaste.

Ahora recuerda todas esas veces que has respirado un aire fragante y limpio. Ese vientecillo que traía olor a campo, a mar, a bosque, a flores y a frutas. Tal vez el aroma delicado y tierno de un bebé, el olor amoroso de la cocina de la abuela, el perfume de mamá. Al entrar en tus pulmones, te llenó de oxígeno y sirvió para darte energía y entusiasmo. Te hizo disfrutar con sus aromas exquisitos. Aun así, tuviste que dejarlo salir, y se fue. Porque el aire no permanece en el interior de tus pulmones, ni siquiera el más delicioso.

¿Te das cuenta de lo que has retenido que no es saludable para ti? ¿Sabes que no puedes guardar eso que has intentado conservar porque lo consideras bueno, aunque sabes que tiene que irse? Y ahora que lo has captado, ¿qué vas a hacer?

Espacio de meditación orientado a la tolerancia.

Inducción

Sentado o recostado, en silencio, sin interrupciones. En el espacio adecuado –tal como se ha descrito anteriormente–.

Ahora comienza a leer lenta y pausadamente. Si quieres, graba tu voz y, a continuación, cierra los ojos –que mantendrás cerrados durante todo el ejercicio– y escucha.

Trance

Así, en contacto conmigo mismo, dirijo toda mi atención y toda mi energía hacia la parte más íntima y profunda de mi ser. En este momento siento que mis pies, poco a poco, se convierten en raíces que de manera lenta y gradual se introducen en la tierra. De allí toman los nutrientes y la energía que paulatinamente sube por mis pies y mis tobillos, que en este momento se transforman en el tallo de una caña, verde, fuerte y flexible. Lentamente, mis piernas, mi abdomen y mi tórax se vuelven también un poderoso tallo de caña, fuerte y suave, brillante, delgado, esbelto, sensible al movimiento del aire. Ahora mis brazos y mi cabeza son los extremos de esa caña con hojas delgadas, finas, de un verde intenso, y me permiten tomar la energía del Sol. Me siento fuerte, flexible y suave. Ahora me doy cuenta de que yo soy esa caña, que se mece cadenciosamente al ritmo fluctuante del viento, una y otra vez, incansable. De repente, el viento comienza a soplar con gran fuerza, siento cómo me flexiono hasta casi tocar el suelo, de nuevo me enderezo, gracias a mi elasticidad; un vendaval me sacude y me mueve caóticamente. Por un momento, pierdo mi ubicación, no sé dónde me encuentro, no sé adónde me llevarán las fuertes corrientes de la tempestad. Entonces, vuelve la calma, las fuertes ráfagas han desaparecido.

Nuevamente sopla un vientecillo suave y fresco. Me doy cuenta de que logré pasar la tormenta gracias a mi flexibilidad. No opuse resistencia, me dejé llevar por los vientos, suave y humildemente.

Comprendo entonces que la tormenta se presenta en el momento menos pensando, siempre inoportuna. Lo que me permitió pasar el temporal fue la tolerancia, la elasticidad, el hecho de aceptar que no puedo oponer resistencia, porque me quebraría. La mejor manera de hacerlo es moverme al ritmo del viento. Soy caña, soy elástico, flexible, y ello me permite regresar siempre a mi verticalidad, a mi rectitud.

Ahora permanece unos minutos con esta sensación.

En el momento que desees, haz esta reflexión: «¿Cómo vivo esto en mi vida? ¿Me doy cuenta de cuáles son esas tormentas que me descontrolan? Y, sobre todo, ahora sé que, al ser flexible, recuperaré mi equilibrio, pues el temporal siempre pasará».

Técpatl, «pedernal» |

Espacio dedicado a aceptar y manejar la rigidez. El pedernal u obsidiana es una roca de gran dureza, una herramienta de trabajo en el campo y para la construcción. Se utiliza también para elaborar otras herramientas. Es cortante, punzante y dura. Con ella se hacen joyas delicadas y de gran belleza.

Inducción

Elige un momento en el que sepas que no serás interrumpido. Apoya tu espalda contra la pared o contra un mueble, de manera que te sientas respaldado. Puedes extender o flexionar tus piernas, como desees. Aleja de ti cualquier objeto que te estorbe. Procura evitar que lleguen a ti ruidos del exterior. Si lo deseas, puedes tener música suave de fondo. Coloca cerca una vasija con flores o un canasto con frutas aromáticas. Ahora comienza a leer lenta y pausadamente. Si quieres, graba tu voz y, a continuación, cierra los ojos —que mantendrás cerrados durante todo el ejercicio— y escucha.

Trance

Respira lenta y pausadamente, una y otra vez, y repite este procedimiento tres veces. Poco a poco, de manera gradual, comienza a relajar tu cuerpo, desde los pies hasta la cabeza. Concentra toda tu atención y energía en el centro de tu ser, y dirígelas hacia tu parte más íntima y profunda.

Desde allí verás un pedernal. Puede ser la roca que prefieras, una que conozcas bien.

Observa con detenimiento sus características. La piedra es dura, su propiedad principal es la dureza, es lo que la hace ser roca. Puede ser lisa o áspera, pero siempre es dura y firme. Pesa más que muchos otros materiales, por lo que en ocasiones puede resultar incómoda o molesta para algunas personas.

Sin embargo, precisamente por esto es útil. Cuando se requiere de algo fuerte que sujete, rompa o golpee, la roca es necesaria. Es también conveniente como herramienta, y en ocasiones puede usarse como arma. Puede ser empleada para lo que se necesite. Cuando choca con otra, lo más probable es que alguna de las dos se rompa.

Y son los elementos suaves y ligeros, como el agua y el viento, los que moldean y esculpen la roca.

Identifica ahora las características de la piedra en ti. Siente de qué manera tienes tú esas cualidades. Acepta que eres reconocido como una persona firme, y en ocasiones dura. Según las circunstancias, puedes ser liso o áspero, fino o atento, y hasta amable, sin que por ello pierdas tu dureza. En otros momentos, sin embargo, podrás sentir la necesidad de ser ríspido, pesado, cortante y brusco para mantener tu firmeza. Y eso es lo que eres, lo que necesitas, lo que demuestras. Por ello, algunas personas te buscan. Les agrada tu seguridad, rudeza y confianza en ti mismo. Te perciben firme y sólido. Tú sabes que puedes ser suave, liso y llano, sin dejar de ser roca. Cuando te enfrentas con alguien, también intenso y duro, puedes lastimar o resultar lastimado. Aceptas también que la amabilidad, el buen trato, la gentileza y el amor te suavizan.

Ahora que te has dado cuenta de que eres así, ¿cómo lo has vivido antes? ¿Qué resultados has obtenido? ¿Qué aprendes con la experiencia? Y, sobre todo, ¿qué vas a hacer?

Tonatiuh, «Sol» |

Espacio para reconocer, aceptar y valorar la capacidad energética. El meditante reconoce en su interior el potencial energético que lo ha mantenido con vida hasta ahora. Percibe la permanencia de la fuente de vida, y reutiliza su fuerza para alivio de su desánimo.

Inducción

Colócate en reposo, con la espalda recostada contra la pared, un mueble o un árbol. Puedes extender o flexionar las piernas, como desees. Aleja de ti cualquier objeto que te estorbe. Elige un momento en el que sepas que no serás interrumpido. Puedes poner cerca de ti una vasija con flores o un canasto con frutas aromáticas. Ahora comienza a leer lenta y pausadamente. Si quieres, graba tu voz y, a continuación, cierra los ojos —que mantendrás cerrados durante todo el ejercicio— y escucha.

Trance

Respira lenta y profundamente, exhala con suavidad, permite que el oxígeno que has inhalado ocupe un lugar saludable en el interior de tu cuerpo. Hazlo una y dos veces más. Ahora vas a concentrar toda tu atención y energía en la parte más íntima y profunda de tu ser. Desde ahí, con tu mirada interior, vas a ver el Sol.

Ves ahora el Sol, reconoces todas sus características. Es grande, intenso y brillante. Es generoso porque da su luz y su calor sin restricciones, lo entrega a todos por igual. Genera y crea, pues gracias a su radiación surge la vida en la Tierra. Está en lo alto y, por lo general, todos pueden verlo.

Su calor puede ser muy agradable por las mañanas y en épocas de frío, pero también puede ser molesto y hasta perjudicial por la tarde o en temporadas de verano. El Sol da su calor en abundancia y no sabe cuándo molesta o cuándo lastima a algunas personas.

En días nublados, hay personas que no ven el Sol, aun cuando siga emitiendo su luz. Pero el astro no se percata de esto.

Mientras brilla, es dadivoso. Pero no siempre es luminoso ni siempre está en lo alto. Al cabo de un tiempo declina y se oculta en el horizonte. Y la oscuridad cubre el mundo.

Pero lo importante es que el Sol vuelve a surgir, con entusiasmo, energía y luz.

Vas a convertirte ahora en el Sol. Reconoce que eres grande y brillante. Con tu luz ayudas, guías y orientas a muchas personas. Te buscan precisamente porque eres generoso y das sin restricciones. Eres capaz de dar vida y de hacer que surjan nuevas creaciones en ti, en tus familiares, compañeros y amigos. Estás en lo alto y todos pueden verte. Todos te conocen e identifican.

Te das cuenta de que en ocasiones, cuando das con intensidad, lastimas y dañas en vez de beneficiar, como tú querías. A veces, sin que te des cuenta, tu excesivo calor perjudica. Tal vez los demás huyen o se ocultan para protegerse de ti, y ello te desconcierta. Puedes llegar a pensar que no te quieren. Y dejas de ver que para estar bien necesitan poner distancia.

Eres generoso y das sin restricciones. Solo que de vez en cuando algunas personas no te agradecen ni reconocen tu luz y tu calor. Puedes entonces sentirte mal, incomprendido, rechazado y percibes que no te agradecen. Lo que ocurre es que esas personas están viviendo su día nublado. No es culpa tuya, los nubarrones y las tormentas existen, y se interponen entre ellos y tú. No te ven, se sienten abandonados.

Reconoce que en algún momento necesitas abandonarlos. Es preciso que vayas al horizonte y descanses. Si brillaras todo el día, harías un gran daño y, además, te apagarías. Necesitas descanso, ocultarte y dejar de dar. ¿Qué harán ellos durante este tiempo? ¿Cómo lograrán darse a sí mismos luz y calor? Sabes muy bien que encontrarán la manera. Podrán estar sin ti.

A la mañana siguiente resurgirás con nuevos bríos, resplandeciente y cálido. Y darás energía y vida. Tal vez a las mismas personas, tal vez a otras.

¿Cómo eres tú cuando eres así en tu vida diaria? ¿Te das cuenta de cómo afectas a los demás? ¿Te das cuenta de cómo te afectas a ti?

Y ahora que te has dado cuenta, ¿qué vas a hacer?

Xóchitl, «flor»

Espacio para aceptar la belleza, la fragilidad y la fecundidad.

Flores que embriagan

Canto de elogio a la genitalidad femenina

Todos de allá hemos venido,
de donde están plantadas las flores,
las flores que trastornan a la gente,
las flores que hacen palpitar los corazones,
han venido a esparcirse,
han venido a hacer llover.

Guirnaldas de flores,
flores que embriagan.
¿Quién está sobre la estera de flores?
Resuena un hermoso canto,
se estremecen las flores.

XAYACÁMACH, poeta azteca

En este ejercicio de meditación, la persona se identifica con la flor y se reconoce como un ser bello, frágil, fragante y digno de ser admirado, tocado y acariciado. Acepta su sensualidad, su capacidad de atracción y su fecundidad.

Inducción

Colócate en una posición cómoda, con la espalda recostada contra la pared, un árbol o una roca. Extiende tus piernas y permite que estén relajadas y suaves. Puedes situar las manos a los lados del cuerpo o sobre las piernas o el abdomen. Aleja de ti cualquier objeto o prenda que te estorbe. Procura evitar sonidos que interrumpan la meditación. Coloca cerca de ti una vasija con flores o un canasto con frutas aromáticas. Ahora comienza a leer lenta y pausadamente. Si quieres, graba tu voz y, a continuación, cierra los ojos –que mantendrás cerrados durante todo el ejercicio– y escucha.

Trance

Inicia tu trance respirando suave, profunda y lentamente. Permite que el aire entre con ligereza, disfrútalo. Una, dos y hasta tres veces. Ahora dirige toda tu atención y energía a la parte más íntima y profunda de tu ser. Permite que toda tu energía interior se distribuya lenta y segura por todo tu cuerpo.

Ahora, con tu energía centrada en lo más profundo de tu ser, vas a ver una flor. Obsérvala con todas sus características. Es suave, delicada y tersa. Se muestra abierta y expuesta, su color puede ser único o diverso. Tiene gran variedad de formas, tamaños y texturas. Además, tiene un olor característico que la identifica. Ninguna flor huele igual a otra, cada una expele su propia esencia. Es atractiva, llama la atención y atrae las miradas. Ofrece delicioso néctar a las abejas, las avispas y a otros insectos. También a los colibríes y a otras aves. Es fecunda, pues con su polen da origen a otras flores y plantas. La flor es también señal de creatividad, pues donde hay una flor, habrá un fruto. Aprovecha su vida, sabe que después de llegar a su esplendor, su color, su forma y su aroma desaparecerán; se marchitará.

La flor es generosa, pues da su belleza, su color y su perfume a quienes la ven y se acercan a ella. Y después se retira, discretamente.

En este momento, prepárate suavemente para convertirte en flor. Poco a poco, integra en ti sus características. Acepta que eres hermosa, delicada y suave. Reconoces en ti la capacidad de atraer, de gustar y de ser aceptada. Algunas veces, te muestras de un solo color, y por ello destacas. En otras ocasiones te presentas con una gran variedad de tonalidades, y entonces resultas muy admirada. Te das cuenta de que tienes una gran facilidad para hacer llegar a ti a personas de muy diversos estilos y gustos. Eres generosa, porque te gusta dar, ofreces algo que agrada y deleita, el néctar de tu amistad y simpatía.

Identificas tu fecundidad, sabes que eres productiva, generadora y siempre fructificas.

Reconoces también tu brevedad. Aceptas que tus formas, colores y perfumes tienen un límite de tiempo. Por ello decides aprovechar la vida, mostrarte fecunda, abierta y colorida. Estás decidida a dar frutos y acatas finalmente tu marchitez.

Cuando eres así, en este momento de tu vida, ¿cómo eres? ¿A quién se lo haces? ¿Cómo te lo haces a ti? Y haciéndolo así, ¿qué resultados obtienes? Una vez que te has dado cuenta, ¿qué vas a hacer?

Cóatl, «serpiente»

Espacio de meditación orientado al ejercicio de la sabiduría y de la prudencia para la obtención de un fin. Es interesante saber que para los aztecas la serpiente era un animal digno de adoración. Ellos no veían en la serpiente ningún signo diabólico, de maldad o perversidad. De hecho, la palabra «diablo» o «demonio» no existe en el idioma náhuatl. Su civilización estaba basada en la agricultura; los roedores son enemigos de los plantíos, las serpientes devoran a los roedores. Ergo, la serpiente es un animal que ayuda y protege.

Inducción

Elige un momento en el que sepas que no serás interrumpido. Colócate en una posición cómoda, recostado o acostado; lo importante es que nada te moleste. Aleja de ti cualquier prenda de vestir, objeto o cualquier cosa que pueda incomodarte. Pon cerca de ti una vasija con flores o frutas aromáticas. Comienza a leer lenta y pausadamente, haciendo tuya la lectura. Si quieres, graba tu voz y, a continuación, cierra los ojos –que mantendrás cerrados durante todo el ejercicio– y escucha.

Trance

En este momento, voy a dirigir toda mi fuerza, mi voluntad y mi entusiasmo hacia la parte más íntima y profunda de mi ser. Reunida allí toda mi energía, voy a ver a una serpiente. En este momento la estoy viendo, con su cuerpo ágil, elástico y flexible. Veo cómo se mueve, con gran facilidad, sobre terreno rocoso, espinas, arenas desérticas, suelo húmedo; puede moverse en el agua, en el pantano e, incluso, subir a los árboles; siempre llega adonde desea. Ahora pongo atención en su quehacer. La serpiente se mueve cuando necesita hacerlo, es cautelosa, lenta o rápida, según se requiera, no desperdicia movimientos.

Cuando busca su alimento, sabe esperar pacientemente, no se distrae, no se desespera, está alerta, aun cuando parece dormida; no le turban la lluvia, el viento ni el calor. Espera, pacientemente, espera, espera, espera, y, cuando siente la oportunidad, ataca.

Ahora conviértete en esa serpiente; te das cuenta de que tú eres así. Recuerda que durante gran parte de tu vida te has movido por todo tipo de terrenos, desde campos fértiles hasta desolados, y siempre has logrado salir adelante. Recupera la fuerza interior que te ha ayudado a moverte con fluidez, flexibilidad y seguridad a través de todos los problemas, interrupciones y bloqueos que has encontrado en tu camino. En este momento te das cuenta de que sabes esperar, y reconoces todas aquellas ocasiones en que estuviste a punto de desesperarte y te mantuviste firme, alerta, inconmovible, esperando, esperando. Llegado el momento oportuno, tomaste la decisión y acertaste.

Ahora te dices: «Yo soy así, recupero mi capacidad de adaptarme a ambientes hostiles, reconozco mi habilidad de seguir mi camino a pesar de los obstáculos; acepto mi destreza para esperar, pacientemente; esperar. Me felicito por saber actuar a tiempo, en el momento preciso».

Ahora puedes preguntarte: «Cuando las cosas no han resultado como yo quería, ¿qué fue lo que dejé de hacer? ¿Olvidé mi sabiduría? ¿Desconfié de mis capacidades? ¿Fui desconfiado y actué abruptamente?». Ahora lo sé, y recupero mis habilidades. Sé lo que quiero hacer, sé cómo hacerlo y tengo lo necesario para ello.

Cuauhtli, «águila» |

Espacio de meditación orientado a aprender a tolerar la frustración.

Inducción

Elige un momento en el que te sientas libre y sin compromiso. Busca un sitio cómodo y sin ruido. Sentado o recostado, con la espalda apoyada en la pared o en un mueble. Aleja cualquier objeto que te estorbe. Coloca cerca de ti una vasija con flores o frutas aromáticas. Respira lenta y profundamente. Ahora comienza a leer lenta y pausadamente. Si quieres, graba tu voz y, a continuación, cierra los ojos –que mantendrás cerrados durante todo el ejercicio– y escucha.

Trance

Concentra toda tu atención y energía en el centro de tu ser. Dirige tu fuerza y tu entusiasmo hacia el centro de ti mismo.

Allí, en lo profundo de tu persona, vas a ver a un águila. Ahora mismo la ves posada en la rama más alta de un enorme árbol, o tal vez está en la orilla de un elevado risco. Respira tranquila, suave, pausada y reposadamente. Con sus hermosos ojos y su aguda vista recorre relajada el panorama; no se desespera. Con gran facilidad, emprende el vuelo, y la fuerza de sus alas se eleva hasta grandes alturas. Allá arriba vuela en círculos y, para ahorrar energía, se deja llevar por la fuerza del viento, planeando, flotando, surcando el aire con elegancia y suavidad. En ese momento detecta un movimiento allá abajo, a lo lejos. Tal vez un conejo, tal vez una ardilla, sea lo que fuere, es alimento. Súbitamente repliega sus alas y se deja caer en picado, a gran velocidad; va directamente hacia su presa.

Poco antes de tocar el suelo, despliega sus alas para volar lentamente y apresta sus fuertes garras. Pero el conejo la ha detectado y huye muy rápido a esconderse en su madriguera. El ataque se ha frustrado. El águila, entonces, mueve sus alas a gran velocidad y vuelve a elevarse.

El ave es poderosa, fuerte y ágil, no se detiene a lamentarse de su fracaso, no se enoja consigo misma, no se decepciona ni se retira a afligirse por haber fallado. Vuelve a volar en círculos, paciente, reposada y pausadamente, al tiempo que ve desde lo alto el panorama, hasta que se dé otra oportunidad. Y lo hará una y otra vez, incansable, hasta que consiga su objetivo.

En este momento, conviértete en esa águila, siente la fuerza dentro de ti. Obsérvate a ti mismo mirando desde lo alto, posado en tu base firme. Recuerda cómo lo haces en tu trabajo, en tu casa o en cualquier situación de tu vida. Ahora recuerda las ocasiones en las que has estado volando en círculos, pensando, reflexionando, decidiendo y esperando a que se presentara la oportunidad que habías deseado. Vas a recordar cómo te has lanzado con toda tu energía, tu determinación y tu fuerza hacia el objetivo elegido. Y recuerda también cuántas veces has fallado en el intento.

¿Recuerdas qué hiciste entonces? ¿Te recriminaste por tu error de cálculo? ¿Te insultaste a ti mismo por fallar? ¿Te sentiste decepcionado? Date cuenta, en este momento, de que eres un águila, de que tienes fuerza, visión, capacidad de planeación y de acción. Particularmente, recuerda que sabes reponerte de un error de cálculo. Que siempre tendrás fuerza en tus alas para remontar el vuelo y regresar a la contemplación y la planeación. Que tienes la paciencia y la calma necesarias para intentarlo una y otra vez, sin desanimarte ni frustrarte. Que tu nuevo ataque será mejor que el anterior, y que siempre que lo has hecho has logrado tu objetivo.

Ahora que te has dado cuenta, ¿qué harás en adelante?

Cuetlachtli, «lobo»

Espacio dirigido a la aceptación del rechazo. El lobo es un depredador natural y en esencia carnívoro. Puede atacar a presas muy pequeñas, como conejos, ratones o ardillas, y animales de mayor tamaño y peso que el suyo, como venados y jabalíes. Acostumbra a cazar en manada a través de hábiles estrategias de acoso, de manera que es difícil que una presa se les escape. Teme al hombre, pero lo ataca cuando lo ve solo y vulnerable. Aunque prefiere vivir y cazar en bosques y campos abiertos, y rehúye de los lugares poblados, en situaciones que lo merezcan es capaz de cazar rebaños de ovejas, cabras y vacas. Es hábil para entrar en los gallineros, lo que le ha creado fama de dañino y pernicioso.

Inducción

Prepara el lugar y el momento para tu meditación, de manera que nada la interrumpa. Colócate en una postura cómoda, con la espalda apoyada en la pared, un mueble o cualquier objeto que te haga sentir firme. Si lo deseas, puedes acostarte. Aleja cualquier objeto que te estorbe. Si puedes, coloca cerca de ti una vasija con flores o una cesta con frutas aromáticas. Respira suavemente. Ahora comienza a leer lenta y pausadamente. Si quieres, graba tu voz y, a continuación, cierra los ojos –que mantendrás cerrados durante todo el ejercicio– y escucha.

Trance

Respira suave, lenta y pausadamente, bajo tu propio tiempo, sin prisa. Siente cómo el aire entra hasta lo más profundo de tus pulmones y te llena de oxígeno, energía y vida. Exhala suave y prolongadamente con el fin de expulsar todo aquello que no necesita estar dentro de ti. Ahora concentra toda tu energía y atención en el centro de ti mismo.

En ese lugar, en el centro de tu ser, ves un lobo. Lo puedes ver bien, avanza con su trote característico, en medio del bosque, camina con seguridad, confiando en su aguda vista, en su fino olfato y en su privilegiado oído. Es hábil para captar las cosas, puede detectar con antelación la presa que desea cazar. También es diestro para avizorar el peligro y evitarlo. Sabe que no tiene muchos enemigos; pocos animales se atreven a enfrentarlo porque conocen su fuerza, su energía y su rapidez. De ser necesario, solo le basta con aullar y su manada acude en su ayuda. Eso le gusta, tiene un buen grupo familiar que lo apoya, lo acompaña y nunca lo deja solo. Es buen padre o madre porque cuida con esmero de sus cachorros, los acompaña y los alimenta hasta que son independientes. Los defiende con valentía. Sabe que algunas personas lo consideran un animal destructivo, traicionero y feroz.

Ahora, mientras observas a ese lobo caminar por el bosque, poco a poco te conviertes en él. Te has hecho dueño de su personalidad, eres tú. Te das cuenta de que caminas por la vida con gran seguridad, conoces muy bien los caminos por los que te mueves, reconoces que tienes buena vista para detectar oportunidades, negocios, trabajos o clientes. También aceptas que tienes buen oído, sabes escuchar, eres atento, captas las noticias, estás al tanto de los últimos acontecimientos. Gracias a tu buen olfato, percibes con claridad los riesgos.

Logras identificar con rapidez cuándo una situación no te favorece. Y cuando has elegido tu objetivo, sabes llegar a él con certeza, seguridad y fuerza. También te das cuenta de que tienes buenos aliados, has sabido rodearte de buenos amigos, socios, compañeros y familiares que te apoyan, trabajan contigo y te son leales. Ya te observaste a ti mismo ser un buen padre o madre de familia. Te gusta cuidar de los tuyos y lo haces bien. Siempre estás dispuesto a protegerlos con toda tu energía. Así eres y así te ven los demás.

Tal vez a otras personas les pareces agresivo, hostil y amenazante. Y en ocasiones eso te ha incomodado o, francamente, te ha molestado. En este momento lo piensas reposadamente, y te dices que no importa. Que tú sabes perfectamente quién y cómo eres. Que no vale la pena dejar tu energía en los pensamientos o las ideas de los demás. Que tu fuerza y sagacidad las aprovechas en tu beneficio, y en el de tus seres queridos. Te das cuenta de que haces lo tuyo, y obtienes lo que necesitas. No agredes ni dañas, aunque los demás lo piensen. Vas por lo tuyo, solamente; lo tuyo. El rechazo de los demás es más bien incomprensión, y te percatas de que no los necesitas. ¿Te das cuenta de cómo lo has hecho en tu vida? ¿Sabes ahora lo que has estado haciendo por temor a que los demás te consideren agresivo? ¿Te das cuenta de lo que has dejado de hacer? Y una vez que lo has hecho, ¿qué decides? ¿Qué harás en adelante?

Huilótl, «paloma»

Espacio de meditación orientado a la aceptación de la libertad, al desapego de los hijos.

La paloma vive en el campo y en las casas. No es completamente doméstica, ni completamente silvestre. Sabe aprovechar las ventajas de ambos entornos. Y también sus desventajas. Tiene una sola pareja. Despide a los hijos, pues no depende de ellos, y continúa viviendo en comunidad.

Inducción

Recuéstate o acuéstate, lo que tú desees; es importante que te sientas muy cómodo, relajado y libre. Elimina cualquier objeto que te estorbe. Procura que nadie te interrumpa y que no haya ningún ruido alrededor. Coloca cerca de ti una vasija con flores o frutas aromáticas. Respira lenta, pausada y reposadamente. Ahora comienza a leer. Si quieres, graba tu voz y, a continuación, cierra los ojos –que mantendrás cerrados durante todo el ejercicio– y escucha.

Trance

Respira varias veces lenta y pausadamente. Concentra toda tu atención y toda tu energía en el centro de ti mismo. Allí, en la parte más íntima y profunda de tu ser, verás una paloma. Puedes verla tranquila, posada sobre la rama de un árbol o en el alero de un tejado. Está serena, quieta y sosegada, se siente libre. Para expresar su bienestar, emite un suave gorjeo. Mientras tanto, su pareja se acerca, permanecen unidos largo rato, con sus picos se hacen caricias y con sus alas se cubren mutuamente. En cierto momento, la paloma se yergue, abre sus alas y emprende el vuelo, se aleja de su pareja. Se eleva por los aires y planea, hace evoluciones en el cielo. Se reúne con otras palomas, vuelan en conjunto y hacen amplios recorridos, coordinadamente, pasando sobre las torres de los templos, los tejados, las casas y los edificios. De común acuerdo descienden juntas a beber en el agua del arroyo o de la fuente, picotean los granos que hay en el suelo y, de nuevo, se elevan para seguir volando en libertad.

La paloma vuela ahora hacia su nido. Allí están sus hijos; los polluelos han crecido y tienen alas grandes y fuertes. Se posa en el borde del nido, donde los polluelos están amontonados, ocupando todo el espacio.

Han crecido tanto que apenas caben en el nido. Entonces la madre empuja poco a poco a uno de los polluelos con su pico y sus alas; el polluelo emite chillidos de temor, pero la paloma no se detiene y sigue empujándolo hasta que logra que salga del nido. El pequeño se precipita al suelo, pero nunca llega a chocar, pues despliega sus alas y vuela; torpemente al principio, después con más seguridad, hasta que consigue posarse en la rama de un árbol o en el tejado de una casa. La madre, entonces, hace lo mismo con los demás polluelos, hasta que logra sacarlos a todos. Los más jóvenes no regresan al nido. La paloma ha cumplido con la labor de darles libertad.

Ahora, en este momento, concentra toda tu atención y energía en el centro de tu ser, y conviértete en esa paloma.

Te das cuenta de que tienes la facilidad de estar quieta, tranquila y serena, y observas el mundo desde tu sitio confortable. Acepta que te gusta formar parte de una comunidad, en la que tienes amigos, compañeros de trabajo y familia. Tienes una pareja con la que compartes la ternura, el amor, la cercanía, los besos y las caricias. Y te agrada. Aun así, también te gusta volar sola, o con otras personas; viajas por el espacio, recorres otros campos y convives con los demás.

En este momento te das cuenta de que ya has –o en un futuro lo harás– impulsado a tus hijos a que dejen el nido. Seguramente, a ellos no les gustará y buscarán quedarse, chillarán pidiéndote que los dejes permanecer un poco más en su morada confortable y tibia. Te sientes firme y decidida; los impulsarás a que salgan y vuelen con sus propias alas.

Desde la altura puedes ver a tus hijos volando libremente, lejos de ti; puedes ver a tu pareja libre, en su espacio propio, y a ti misma disfrutando, gozando y contemplando reposadamente, como cuando vives tu vida en libertad.

Algunos ejemplos de meditación para casos particulares

¿Te das cuenta de cómo lo has hecho? ¿Qué has provocado en ellos? Al darte cuenta, ¿qué sientes? Y una vez que lo has visto, ¿qué vas a hacer?

Huitzili, «colibrí»

Espacio dirigido a la aceptación de la sexualidad masculina.

Yo, florido colibrí

Canto de elogio a la genitalidad masculina

He llegado a los brazos del árbol florido,
yo, florido colibrí.
Con aroma de flores me deleito,
con ellas mis labios endulzo.

Oh, Dador de la vida,
con flores eres invocado.
Te veneramos aquí,
y te damos deleite.

TALPALTEUCCITZIN, poeta azteca

El colibrí es la más pequeña de las aves –aunque hay diversas especies dentro del mismo género–. Sus características más distintivas son un largo pico y una fuerza descomunal.

Su pico es así porque le sirve de herramienta para alimentarse; lo introduce en la flor para libar el néctar. Al hacerlo, el polen queda adherido a este; después lo deposita en otra flor, y, de esta manera, favorece su fertilización. Para alimentarse, el colibrí lleva a cabo este procedimiento varias veces al día, por lo que hace un trabajo de polinización múltiple; es el gran fertilizador. Mueve sus alas a gran velocidad, lo cual le permite mantenerse estable en el aire. Para ello requiere de un enorme consumo de energía, por lo que se nutre de azúcares y, como complemento, de frutas y de algunos insectos. Aunque se trata de un animal pequeño, se mueve a gran velocidad, y puede hacer virajes rápidos en el aire, lo cual lo pone a salvo de depredadores.

Inducción

Busca un momento en el que sepas que no serás interrumpido. Colócate en una postura cómoda, sentado, con la espalda apoyada. Si lo deseas, puedes permanecer acostado. Aleja de ti todo lo que te estorbe. Puedes escuchar música suave o permanecer en silencio. Es recomendable tener cerca una canasta con frutas aromáticas o una vasija con flores. Ahora, comienza a leer lenta y pausadamente. Si quieres, graba tu voz y, a continuación, cierra los ojos —que mantendrás cerrados durante todo el ejercicio— y escucha.

Trance

Concentra toda tu energía y atención en tu respiración. Inhala y exhala suave, pausada y reposadamente, una y otra vez, y siente cómo te tranquilizas.

Concentra toda tu fuerza en el interior de ti mismo; vas a ver a un colibrí. Lo ves batir sus alas a gran velocidad, hasta el punto de que no se ven; parecen solo una imagen tenue translúcida. Parece como si el colibrí no se moviera, como si estuviera suspendido en el aire. Puedes ver ahora cómo se dirige con seguridad y confianza a una hermosa flor. Se acerca con cuidado y dirige su largo pico hacia el cáliz. Lenta y gradualmente introduce su pico, y permanece al mismo tiempo estático y en movimiento. Estático porque se detiene en el aire y no se desplaza; en movimiento porque sus alas se agitan con gran energía y velocidad. Lo puedes ver concentrado en lo que hace, no se distrae, saborea el dulce néctar que bebe, percibe el aroma fragante de la flor y goza del momento.

Cuando termina retira su pico del interior. Se dirige a otra flor y repite el procedimiento. Tal vez el colibrí lo sabe, o tal vez no lo sabe, pero con sus movimientos fertiliza las flores; lo que sí sabe es disfrutar el momento.

Concentra toda tu atención y energía en ti mismo. En este momento te conviertes en un colibrí. Eres ese colibrí. Reconoces en ti una gran fuerza, sabes que eres fuerte, que tienes la capacidad de moverte con agilidad y rapidez en diferentes campos.

Te das cuenta de que eres muy confiado, no temes a los enemigos porque los identificas rápidamente y sabes alejarte con presteza. Por eso te mueves con agilidad en cualquier tipo de bosque. Eres muy hábil para distinguir la belleza y te sientes atraído por la hermosura. Te acercas siempre con cuidado, calculando tus movimientos, y cuando te sientes seguro de que vas a ser bien recibido, introduces tu pico y disfrutas del delicioso néctar, del perfume aromático y de la suavidad de los pétalos. Gozas intensamente el momento. En ese instante olvidas cualquier preocupación. Despliegas una enorme energía para mantenerte en el lugar y, al mismo tiempo, en tu interior permaneces quieto. Te das cuenta de que es una paradoja que disfrutas intensamente. Cuando te sientes satisfecho, te retiras con delicadeza.

¿Cómo eres tú siendo así, como un colibrí? ¿En qué momentos te comportas de esta manera? Te das cuenta de que el gozo intenso es al mismo tiempo instantáneo, breve y pasajero. Energía y descanso, fuerza y paz. ¿Cómo lo vives en tu vida?

Itzcuintli, «perro»

Espacio de meditación dirigido a la aceptación de la fidelidad y el amor.

El perro fue el primer animal que acompañó al hombre. En todas las comunidades humanas ha habido perros; en todas partes se han caracterizado por ser los mejores amigos del hombre. Cada raza tiene diversas habilidades y destrezas, y conservan también sus características: son amistosos, juguetones y vigilantes.

Inducción

Elige un momento en el que sepas que no serás interrumpido. Ubícate cómodamente, sentado o recostado, con la espalda apoyada en la pared o en un mueble. Si lo deseas, puedes acostarte. Aleja cualquier objeto que te estorbe; si puedes, coloca cerca de ti una vasija con flores o un canasto con frutas aromáticas. Ahora comienza a leer lenta y pausadamente. Si quieres, graba tu voz y, a continuación, cierra los ojos –que mantendrás cerrados durante todo el ejercicio– y escucha.

Trance

Respira lenta y profundamente, una y otra vez. Hazlo así tres veces. Relaja tu cuerpo, primero los pies, y sube gradualmente hacia la cabeza.

Ahora, con tu mirada interior, vas a ver a un perro. El que tú desees; puede ser uno que conozcas, que recuerdes de tu infancia o el que siempre hayas querido tener. Obsérvalo detenidamente y percibe sus cualidades. Es ágil y rápido, le gusta correr, saltar y curiosear. Tiene buen olfato, por lo que disfruta acercándose a todos los objetos y oliéndolos detenidamente, para conocerlos bien. Tiene también un excelente oído; puede detectar desde una gran distancia cualquier sonido, por imperceptible que parezca. Por eso es buen vigilante, pues sabe detectar cualquier peligro. Cuando duerme lo hace a pierna suelta, totalmente relajado, aunque cuando percibe cualquier peligro se despierta enseguida.

Es afectuoso, salta, mueve la cola y corre alrededor de una persona cuando la reconoce, la ve o como señal de agradecimiento. Es un gran protector; está dispuesto siempre a cuidar y a resguardar a quienes ama, ya sea a su pareja, a sus cachorros o a sus amigos. Tiene un gran sentido de la orientación; siempre encuentra el camino de regreso a casa, pues sabe dónde está. Es capaz de recorrer grandes distancias para estar con los suyos.

Vas a convertirte en ese perro. Poco a poco, lenta y gradualmente, vas a reconocer en ti las cualidades que has visto en él. Te das cuenta de que eres así. Eres amistoso, afectuoso y juguetón.

Te gusta demostrar tu cariño con movimientos y expresiones intensas y divertidas. Eres muy dado a tu familia, manifiestas tu amor a la pareja, a los hijos y a los amigos. Te gusta ser fiel al afecto que les tienes y les profesas. Eres capaz de detectar cualquier peligro, por pequeño que sea, y de inmediato te dispones a proteger a quienes amas.

Eres capaz de recorrer grandes distancias para estar con los tuyos. Llevas a cabo cualquier esfuerzo o trabajo para beneficiarlos. Te das cuenta ahora de que sabes descansar, de que te gusta relajarte y dormir plácidamente, aunque despiertas con facilidad ante cualquier alarma.

Sabes ser buen amigo. Demuestras tu amistad y amor con cercanía, contacto, entrega y fidelidad. Eres así.

Ahora que te has dado cuenta de esto, ¿cómo lo vives en este momento de tu vida? ¿Qué has aprendido de esta experiencia? ¿Deseas hacer algún cambio? ¿Qué vas a hacer en adelante?

Mazátl, «venado»

Espacio orientado a la autoprotección.

El venado vive en manada; en ocasiones en pequeños grupos de familias o en grandes tribus de varios elementos emparentados. Tiene un oído fino y una visión aguda, que le permite detectar cualquier peligro y huir a gran velocidad. Siempre huye solo; corre con el grupo, pero no se detiene a ayudar al caído. Por encima de todo, se cuida en esencia a sí mismo.

Inducción

Siéntate sobre un tapete o una estera, y vigila que tu espalda esté recostada en una superficie plana. Puedes colocar tus piernas extendidas o flexionadas y procura sentirte cómodo. Aleja de ti cualquier objeto que te estorbe. Vigila que durante tu tiempo de meditación no haya ruidos ni interrupciones. Coloca cerca de ti una vasija con flores o frutas aromáticas. Ahora comienza a leer lenta y pausadamente. Si quieres, graba tu voz y, a continuación, cierra los ojos —que mantendrás cerrados durante todo el ejercicio— y escucha.

Trance

Respira varias veces, lenta y profundamente. Concentra toda tu atención y energía en el centro de tu ser.

Verás a un venado. Lo ves caminar en medio del bosque. Es grande, fuerte y ágil, puede iniciar una carrera en un instante y moverse a gran velocidad, puede saltar obstáculos altos y enrevesados. Lo ves como sueles verlo, acompañado de su familia, siempre con una pareja; ambos cuidan de sus hijos, les gusta vivir acompañados de sus semejantes y entre todos se ayudan. En conjunto, buscan los mejores pastos y encuentran agua para beber en arroyos y lagunas.

Cuando su familia o sus semejantes pastan tranquilamente, el venado aguza sus sentidos para estar alerta, mueve su cabeza en todas las direcciones y dirige su fina vista a todos los rincones del campo, en busca de algún predador, alza sus grandes orejas para detectar con su oído sensible cualquier sonido que lo advierta de un peligro. Si detecta a algún enemigo, corre de inmediato para alejarse del peligro. Emite una señal de alerta para que todos corran junto a él. Toma la delantera, porque sabe por dónde pueden escapar, conoce el camino y espera que lo sigan.

Si alguno de ellos cae, tropieza o es atrapado, el venado no se detiene; sigue porque necesita ponerse a salvo y guiar a los demás. Siempre busca protegerse a sí mismo.

Vas a concentrar toda tu atención y toda tu energía en el centro de tu ser. En este momento te identificas con ese venado. Vas a reconocer en ti sus cualidades. Te das cuenta de que tú eres así, grande y fuerte, que caminas con facilidad por todo tipo de campos. Recuerdas que sabes librarte de los obstáculos, saltar las barreras y seguir tu camino.

Te has percatado de que tienes una gran habilidad para detectar el peligro, siempre has advertido los riesgos antes de que te ocurran, has reconocido al enemigo mucho antes de que se acerque a ti. Sabes detectarlo y avisas a los demás de la amenaza.

Acepta también que tienes el don de evadir la confrontación, que logras salir y alejarte del problema. Buscas estar bien contigo mismo, y dejas que los demás resuelvan lo suyo. Comprendes ahora que no puedes hacerte cargo de los demás, que no puedes protegerlos a ellos, si antes no te proteges a ti mismo. Si alguno de tus compañeros o familiares tropieza con los obstáculos de la vida y cae, no te detienes a levantarlo, sigues tu camino porque comprendes que el compromiso lo tienes con tu integridad, tu salud y tu bienestar.

Y siempre consigues ponerte a salvo.

Ahora respira lenta y pausadamente, una, dos, tres o más veces, las que consideres necesarias.

¿Cómo te sientes? ¿De qué te das cuenta? Y si te has dado cuenta, ¿qué vas a hacer?

Miztli, «puma»

Espacio orientado al control de la violencia. El puma es poderoso. No tiene enemigo natural, es un cazador hábil, tiene un excelente olfato, una vista certera, es ágil, rápido y fuerte. Estos recursos los utiliza para alimentarse. No agrede. Le gusta situarse en las montañas elevadas y contemplar el panorama, sabe que nadie lo atacará y que usará su fuerza solo cuando lo requiera.

Inducción

Elige un momento en el que sepas que podrás estar aislado sin interrupciones. Sentado o recostado, apoya la espalda contra la pared o contra un mueble; puedes sentarte en una estera, sobre cojines, almohadones o en el suelo. Coloca las piernas extendidas o flexionadas como desees, lo importante es que te sientas cómodo. Aleja de ti cualquier objeto que te estorbe. Puedes poner cerca una vasija con flores o frutas aromáticas. Respira lenta y pausadamente, una y otra vez, una y otra vez. Ahora comienza a leer. Si quieres, graba tu voz y, a continuación, cierra los ojos –que mantendrás cerrados durante todo el ejercicio– y escucha.

Trance

Respira suave, lenta y pausadamente, una, dos veces o las que consideres necesarias para sentirte relajado y en armonía. Concentra ahora toda tu atención y energía en el centro de tu organismo.

Ahí, en el centro de tu ser, vas a ver a un puma. En este momento lo ves caminar pausadamente por el bosque, entre altos árboles. Sus pasos son suaves, naturales y espontáneos. Conoce su fuerza y sabe ahorrar energía, no desperdicia movimientos. Su andar parece distraído o indiferente; sin embargo, su oído fino y su agudo olfato están siempre alerta.

Sabe que no tiene enemigos naturales, nadie es más poderoso que él, por eso camina con gran seguridad. Le gusta subir a la montaña y observar el panorama desde un elevado risco, reposada y tranquilamente. Desde allí distingue su alimento. Desciende con cautela, sin hacer ruido; se acerca lentamente a su presa, sin precipitarse. Cuando está seguro de que está a su alcance, inicia una veloz carrera, y emplea todos sus músculos y sus sentidos, hasta que captura a su objetivo.

Una vez lo ha conseguido, se lo toma con calma. Sube de nuevo a la montaña y allí, tranquila y reposadamente, disfruta de su caza.

Ahora vas a convertirte en ese puma.

Te das cuenta de que tienes una gran fuerza, agilidad y destreza. Sabes que puedes caminar por diversos campos, desde el bosque hasta la montaña, y en todos estos lugares te sientes bien, estás ubicado y confiado. Reconoces que no tienes adversarios, porque nadie tiene lo que tú, y, por lo tanto, no pierdes tu energía con especies menores.

Te gusta observar el panorama desde las alturas, desde donde tienes una amplia perspectiva. Observas, reflexionas y eliges tu objetivo. Cuando has tomado una decisión, sabes conducirte hacia la meta con calma, paciencia y cautela. Entonces, sabes que lograrás lo que te has propuesto porque lo planeaste cuidadosamente.

Una vez que has conseguido lo que deseas, disfrutas de tu logro apacible y calmadamente, aceptas lo que eres.

¿Te has dado cuenta de qué manera lo haces en tu vida cotidiana? ¿Qué aprendes de ello? Y una vez lo has reconocido, ¿qué deseas hacer?

Océlotl, «jaguar»

Espacio orientado al control de la impulsividad y a la convivencia armónica.

El jaguar vive en la selva tropical. No tiene enemigo natural, pero vive rodeado de otras especies que compiten por su alimento. Tiene que cuidar constantemente sus presas, con el fin de que no le sean arrebatadas por ocelotes, linces, zorros, coyotes o aves rapaces. No puede combatirlos, pues son demasiados; por lo tanto, aprende a convivir con ellos, sin violencia, manteniendo una distancia protectora.

Inducción

Elige un momento en el que sepas que estarás libre de interrupciones. Siéntate o recuéstate, como tú desees, lo importante es que te sientas cómodo. Aleja de ti cualquier objeto que te estorbe. Puedes colocar cerca una vasija con flores o frutas aromáticas. Ahora comienza a leer lenta y pausadamente. Si quieres, graba tu voz y, a continuación, cierra los ojos —que mantendrás cerrados durante todo el ejercicio— y escucha.

Trance

Respira lenta, profunda y pausadamente, siente cómo entra el aire cuando debe entrar, sin prisas. Exhala calmadamente, y siente cómo dejas salir el aire libremente. Concentra toda tu atención y energía en el centro de tu ser.

Allí vas a ver a un jaguar. En este momento, lo ves caminando por la selva, se mueve con cautela, mide sus pasos, no emite ningún sonido, pues su pisada es suave y calculada. Con su fina mirada percibe cualquier movimiento, y con su excelente oído escucha lo que sucede a su alrededor; sabe diferenciar muy bien los sonidos habituales: el canto de las aves, el zumbido de los insectos, el murmullo del viento entre las ramas de los árboles, la música del agua entre las piedras del arroyo.

Sabe detectar el paso del ciervo, el conejo o el jabalí, que pueden ser su alimento. Camina con facilidad sobre la hojarasca, trepa a los árboles y nada en el río. No tiene enemigos naturales; ningún otro animal de la selva es más fuerte, ágil o veloz. En ocasiones debe mostrarse fuerte y feroz con aquellos que quieren quitarle su presa. Ruge, muestra los colmillos y persigue a los coyotes, lobos o linces que lo acosan.

Sabe que siempre ganará, solo que necesita mostrar su fuerza.

Vas a identificarte con ese jaguar. Eres tú. Reconoces tu fuerza y tu gran capacidad de moverte en diferentes terrenos. Puedes andar por todo tipo de ambientes, con seguridad y confianza. Te das cuenta de que tienes la habilidad de percibir las señales favorables y las peligrosas en tu trabajo, tu grupo social y tu familia.

Cuando tienes un objetivo, lo consigues gracias a tus capacidades y esfuerzo. Sin embargo, aparecen oportunistas que quieren adueñarse de tus logros. Entonces es preciso que muestres tu fuerza, sin dañar, sin agredir, sin lastimar, pero con la certeza de que tienes poder.

Sabes muy bien que al final te quedarás con lo que has obtenido y disfrutarás de ello.

Respira suave, pausada y tranquilamente, disfruta.

¿Te das cuenta de cómo sucede esto en tu vida? ¿Recuerdas cómo han sido tus reacciones? Ahora que lo has reconocido, ¿qué harás en adelante?

Ozomatli, «mono»

Espacio para aceptar la capacidad de adaptarse y de liberarse de relaciones conflictivas.

Inducción

Elige un momento en el que sepas que no serás interrumpido. Recuéstate o acuéstate, de manera que te sientas muy cómodo. Aleja de ti cualquier objeto que te estorbe. Procura tener cerca una vasija con flores o frutas aromáticas. Respira lenta, pausada, tranquila y suavemente. Ahora comienza a leer. Si quieres, graba tu voz y, a continuación, cierra los ojos –que mantendrás cerrados durante todo el ejercicio– y escucha.

Trance

Concentra toda tu atención y energía en el centro de ti mismo.

Vas a visualizar un mono que se mueve por la selva. Lo ves, es ágil, flexible, elástico y fuerte; se desplaza por las ramas de los árboles, a las que se sujeta de muchas maneras, con sus cuatro extremidades y con la cola. Nunca se cae, siempre encuentra algún punto de apoyo.

Camina por el suelo, y trepa con facilidad por los troncos gruesos y delgados. Es hábil para encontrar alimento, sabe dónde están los mejores frutos y los más frescos manantiales. Le gusta vivir en manada, comparte con sus amigos la comida, la vivienda y se protege junto a ellos. Es juguetón y divertido. Cuida de sus hijos, los carga consigo todo el tiempo, hasta que son capaces de moverse por sí mismos.

Gracias a un fino instinto, puede percatarse de cuándo se acerca un predador. Si el cazador es más grande, furioso y agresivo, sube a gran velocidad a las ramas más altas y delgadas de un árbol, adonde no puedan seguirlo. Allí se siente seguro, confiado y tranquilo.

Concentra toda tu atención y energía en visualizar a ese mono. Conviértete en él; tú eres ese mono. Reconoces que tienes la capacidad de moverte con libertad por diversos ambientes, sabes andar en terrenos planos y también en los más complicados, puedes descender a niveles inferiores y trepar a las alturas. Te das cuenta de que eres amistoso, divertido y sociable. Te gusta convivir con la familia, los amigos y los compañeros de trabajo, con quienes te sientes seguro y confiado. Te agradan los hijos y sabes cuidarlos hasta que puedan trepar solos.

Sabes que tienes una gran habilidad para reconocer a los que te molestan, acosan o agreden. Los identificas y encuentras la manera de ponerte a salvo. Desde tu lugar seguro, donde ellos no te alcanzan, puedes observarlos mientras dejan ver su ira y su frustración. No te equivocas, no respondes a la agresión, sabes que no tienes la fuerza para combatir y no eres amigo del enfrentamiento.

Disfrutas de tu sitio seguro, tu paz y tu armonía.

Respira suave, tranquila, pausada y reposadamente.

¿Te das cuenta de cuándo y cómo lo haces? ¿Reconoces a tus agresores? ¿Identificas tu lugar seguro y protegido? ¿Cómo te sientes? ¿Qué vas a hacer al respecto?

Papálotl, «mariposa»

Espacio orientado al resurgimiento, con el fin de salir de una crisis.

La oruga debe romper el capullo y salir de su espacio protegido para aventurarse en el mundo. Habrá belleza, campos libres, independencia, horizontes abiertos y, también, riesgos.

Inducción

Elige un momento en el que sepas que no serás interrumpido. Recuéstate o acuéstate, de manera que te sientas muy cómodo. Aleja de ti cualquier objeto que te estorbe. Coloca cerca una vasija con flores o frutas aromáticas. Ahora comienza a leer lenta y pausadamente. Si quieres, graba tu voz y, a continuación, cierra los ojos –que mantendrás cerrados durante todo el ejercicio– y escucha.

Trance

Respira lenta y profundamente, una y otra vez. Repite este procedimiento tres veces. Relaja el cuerpo; comienza por los pies y termina en la cabeza. Dirige toda tu energía y atención a la parte más íntima y profunda de tu ser.

Desde allí verás una oruga encerrada en su capullo. Es un lugar oscuro, cerrado y estrecho. La oruga se siente aprisionada, incómoda y sofocada. No puede ver nada, solo oscuridad, y eso la desespera aún más. De repente, siente que puede moverse; aunque es muy poco, comienza a hacerlo. Con gran esfuerzo, realiza pequeños movimientos que le causan fatiga. Descansa y reanuda su actividad; se da cuenta de que cada vez logra moverse un poco más. Súbitamente, ve un rayito de luz. Algo en la rígida envoltura que la cubre se rompe, y entra la claridad del día.

Estimulada por esto, la oruga continúa moviéndose con gran esfuerzo. La apertura crece y cada vez entra más luz, ahora la oruga puede moverse mejor, y se siente entusiasmada por lo que ha logrado. Finalmente, la envoltura se ha roto por completo, y la oruga se deslumbra por la intensa luz del exterior.

Poco a poco, sus ojos se acostumbran a ver. Entonces, observa frente a sí un magnífico escenario. Es un campo abierto, lleno de imágenes hermosas, como árboles, flores, colinas, montes, arroyos y un cielo de intenso color azul, poblado de vaporosas nubes. La oruga hace un pequeño movimiento y se da cuenta de que no tiene limitaciones, se mueve con gran facilidad. Y, de repente, se percata de algo maravilloso: en su espalda hay un par de alas grandes y bellas; tenues, ligeras, con intensos y brillantes colores.

Y lo mejor de todo es que en ese momento se da cuenta de que puede volar. Levanta el vuelo y desde allá arriba percibe el mundo de una manera diferente. Ya nada es oscuridad, encierro ni limitación; todo es amplitud, belleza y libertad.

Ahora, poco a poco, vas a integrar a tu ser las características de la oruga.

Recuerda, en este momento, cuando estabas encerrado, sin poder moverte, asfixiado y sofocado. Recuerdas muy bien esa sensación angustiosa de no poder moverte y de no ver ninguna salida. Acuérdate de que creías que la situación no tenía solución. Entonces comienzas a recordar cuándo hiciste tu primer movimiento, cuánto trabajo te costó y de qué manera te sentiste desanimado porque creíste que no serviría de nada.

Avanzaste tan poco que parecía demasiado esfuerzo y para nada. Pero no te detuviste, volviste a insistir y empezaste a darte cuenta de que algo cambiaba. Al principio parecía que era nada, pero continuaste esforzándote y percibiste que te movías. Recuerdas muy bien cuánto cansancio sentiste y en cuántas ocasiones tuviste que detenerte para reponer fuerzas. Y luego apareció la luz. Al principio, un mínimo destello, pero ello te animó a seguir. Te diste cuenta entonces de que lograbas moverte un poco mejor, y de que el conflicto parecía tener arreglo. Continuaste con energía y determinación, hasta que lograste ver la claridad. El ahogo quedó atrás.

Entonces viste el mundo con nuevos ojos, te pareció hermoso, lleno de vida y de color. Allí te diste cuenta de que tenías alas, grandes, poderosas y aptas para volar alto. Desde ese momento decidiste que nunca más volverías a ese capullo, al que recordarás como algo que te impulsó a salir. Pero ahora te dedicarás a ver el mundo desde lo alto, apreciarás el movimiento, el color, la luz, la brillantez y la vida.

Ahora que has salido de tu capullo y vuelas alto, con tus propias alas, ¿te das cuenta de cómo habías vivido? ¿Reconoces cómo hiciste para salir del encierro? ¿Cómo percibes tu nueva realidad? Y ahora que lo has visto, ¿qué vas a hacer en adelante?

Quetzal, «ave tropical»

Espacio orientado a la búsqueda de armonía en la relación de pareja.

El quetzal es un ave que se suele identificar con la belleza, la meticulosidad en el cortejo y el canto armonioso para seducir y conquistar. Usa su belleza para atraer a la pareja. Durante la meditación, la persona reconoce y fortalece su capacidad de enamorar y atraer a la persona amada.

Inducción

Elige un momento en el que sepas que no serás interrumpido. Ubícate cómodamente, con la espalda recostada contra la pared o en un mueble. Tus piernas pueden estar extendidas o flexionadas, como tú desees. Aleja de ti cualquier objeto que te estorbe. Coloca cerca una vasija con flores o una canasta con frutas aromáticas. Si lo deseas, puedes untar tu cuerpo con aceite perfumado. Ahora comienza a leer lenta y pausadamente. Si quieres, graba tu voz y, a continuación, cierra los ojos –que mantendrás cerrados durante todo el ejercicio– y escucha.

Trance

Respira suave y pausadamente, una y otra vez, y repite este procedimiento tres veces. Poco a poco, relaja tu cuerpo desde los pies hasta la cabeza. Dirige toda tu energía y atención a la parte más íntima y profunda de tu ser.

Desde allí, recurriendo a tu mirada interior, vas a ver a un quetzal. Es un ave que vive en la selva tropical. Puedes ver su plumaje verde brillante, que se combina con otros colores, como rojo, azul, amarillo y blanco. Percibes su canto melodioso y armónico, que se escucha desde una gran distancia. Admiras su cola formada por largas plumas, siempre de color verde, y que al volar lo equilibran y le dan balance y una imagen de suavidad y equilibrio.

Vuela a mediana altura, nunca se eleva muy alto ni está cerca del suelo.

Te das cuenta de que el quetzal utiliza su belleza y elegancia para atraer a su pareja. Despliega sus recursos, seguro de que llamará la atención de aquel a quien desea. Sabe que, finalmente, logrará atraerlo a su lado. Lo ves seguro de sí mismo y de su habilidad y su capacidad de seducir y encantar.

Vas a convertirte ahora en ese quetzal. Empieza por aceptar que tienes elegancia y belleza, que tu figura está hecha de diversos colores. Sabes emplear tus diversas tonalidades para verte y sentirte bien, y para confiar en que así te verá la otra persona. Tienes confianza en tu voz. Sabes bien cómo hablar para convencer, agradar y seducir.

Sabes mantenerte a mediana altura, nunca subes demasiado, por ejemplo, a otros niveles sociales que no te gustan y no sientes tuyos. Tampoco desciendes, no te mantienes con un perfil bajo, pues conoces tus capacidades y te sientes seguro.

Sabes que, si te lo propones, puedes lograr que otra persona centre su atención en ti. Tienes todos los recursos necesarios para atraer, agradar, seducir, encantar y retener. Ahora recuerdas que ya lo has logrado antes. Ya lo has hecho, y has conseguido lo que te propusiste. Te das cuenta de que en este momento estás así: con todo tu potencial, elegancia y belleza unidos para atraer a quien quieres.

Ahora que te has dado cuenta de que eres así, piensa cómo lo has hecho últimamente en tu vida. En esta ocasión, ¿cómo deseas emplear tus recursos? Y una vez que lo has decidido, ¿qué vas a hacer?

Techálotl, «ardilla» |

Espacio dirigido a aceptar la capacidad de evadir conflictos.

La ardilla es un animal ágil, flexible, rápido, sagaz, inquieto y vivaz. Es activa, trabajadora y ahorradora.

Inducción

Siéntate en una posición cómoda, apoya tu espalda contra la pared o contra algún mueble. Puedes tener las piernas extendidas o cruzadas, como tú desees. Aleja de ti cualquier objeto que te estorbe, como el móvil, las llaves u otros objetos. Evita ser interrumpido. Mantén cerca una vasija con flores o frutas aromáticas. Respira lenta y profundamente, una y otra vez, una y otra vez. Ahora comienza a leer. Si quieres, graba tu voz y, a continuación, cierra los ojos –que mantendrás cerrados durante todo el ejercicio– y escucha.

Trance

Así, suave y relajado, concentra toda tu energía y atención en la parte más íntima y profunda de tu ser.

Ahora vas a ver a una ardilla. En este momento puedes ver cómo se mueve ágilmente por el campo, corre, recolecta nueces, avellanas, almendras, bellotas y otras semillas que guarda en un gran árbol hueco, para así tener provisiones en invierno. Camina por el suelo, por los árboles –desde un grueso tronco hasta la rama más delgada–, salta con facilidad de una rama a otra. A veces se detiene y mira a su alrededor, percibe el ambiente con su fina nariz, capaz de detectar algún aroma extraño. Sus ojos vivaces detectan a cualquier predador.

Cuando siente algún peligro, huye rápidamente en busca de protección. Nunca se enfrenta a los que intentan atacarla, pues sabe que por su tamaño no podría salir bien librado de una batalla; por lo tanto, opta por la salida inteligente. Mantiene la distancia y encuentra refugio en lo alto de un árbol o en el hueco de un tronco. Cuando siente que el peligro ha cesado, vuelve al campo y continúa su trabajo sin temor, tristezas ni rencor.

Ahora te das cuenta de que tú eres esa ardilla. Trabajas incansablemente, eres entusiasta, ágil, inquieta y sagaz. Te mueves con comodidad en diferentes campos y puedes pasar de uno a otro con gran facilidad.

Eres ahorradora, pues te gusta ser previsora para los tiempos venideros. Tienes habilidad para detectar enemigos y evitas la confrontación.

Te das cuenta de que ante un atacante de gran tamaño y fuerza es mejor huir y buscar un refugio seguro, confortable, en el que reflexionas y descansas.

Al sentirte seguro, vuelves a salir en un día nuevo.

Ahora que te has dado cuenta de que eres así, ¿cómo te sientes? Y una vez que lo has identificado, ¿qué vas a hacer?

Tochtli, «conejo»

Espacio dedicado a reconocer ventajas y riesgos de la laboriosidad.

El conejo trabaja todo el día; se alimenta, cava túneles laberínticos y allí guarda su comida. Se reproduce con gran facilidad. Es presa fácil de varios depredadores, pues no sabe cuidarse. Para llevar a cabo sus labores, se expone al peligro.

Inducción

Elige un momento en el que sepas que no serás interrumpido. Apoya la espalda contra la pared o contra un mueble, de manera que te sientas muy cómodo. Extiende o flexiona las piernas, como mejor te sientas. Aleja de tu cuerpo cualquier objeto que te estorbe. Puedes hacerlo en silencio, o puedes poner música suave. Procura tener cerca de ti una vasija con flores o un canasto con frutas aromáticas. Ahora comienza a leer lenta y pausadamente. Si quieres, graba tu voz y, a continuación, cierra los ojos –que mantendrás cerrados durante todo el ejercicio– y escucha.

Trance

Respira lenta y pausadamente, una y otra vez, y repite este procedimiento tres veces. Concentra toda tu atención y energía en la parte más íntima y profunda de tu ser.

Desde este lugar verás a un conejo. Obsérvalo con todas sus características. Es un animal al que le gusta estar en comunidad, puede vivir en grandes o en pequeños grupos. Es rápido y ágil, corre a gran velocidad o, si lo prefiere, puede avanzar lentamente, dando pequeños saltos. Le gusta vivir en familia, mantiene para siempre una única pareja, y, por lo general, tiene muchos hijos.

Trabaja todo el día, recoge alimentos y los guarda en las intrincadas madrigueras que construye con ayuda de sus amigos. Es previsor, pues durante la noche usa sus guaridas también para protegerse de los cazadores. Durante el día reúne semillas, granos, tubérculos, hierbas y raíces. Se vuelve entonces presa fácil para los predadores, que son muchos: águilas, coyotes, lobos, serpientes, pumas, gavilanes y halcones, entre otros. Puede ser atacado por aire y por tierra. Entonces, se da cuenta de que no tiene forma de defenderse, solo puede huir y buscar refugio en su madriguera.

Para advertir el peligro, cuenta con la ayuda de sus amigos. Algunos conejos permanecen como vigías en lugares elevados y, cuando detectan algún cazador, golpean el suelo con las patas y mueven las orejas o la nariz. Si alguno de los conejos no está lo suficientemente alerta, puede no detectar la señal y ser atrapado.

Vas a convertirte ahora en ese conejo. Poco a poco, de manera gradual, intégralo a tu persona, sus cualidades y sus características. Ya eres ese conejo. Identifica tu gusto por ser comunitario y familiar. Te gusta convivir con amigos, compartir con vecinos y, sobre todo, disfrutas mucho de tu familia.

Sabes que eres muy laborioso, te gusta trabajar, guardar y ser previsor. Te ocupas también de proteger a tu familia, dedicas tiempo y energía a tu casa. Te satisface que haya todo lo necesario, que no falte lo esencial. Trabajas mucho, y ahora te das cuenta de que, por eso, en ocasiones no te cuidas a ti mismo. En el desempeño de tu labor encuentras enemigos y peligros. Tu familia y tus amigos te cuidan, y te han advertido de los riesgos; te piden que tengas cautela. Te das cuenta de que en muchas ocasiones no les haces caso. Has tenido que vivir experiencias dolorosas y tristes por tu falta de cuidado.

Es un buen momento para reflexionar; recuerda que eres ágil, rápido y escurridizo. Tú decides cuándo caminar con cautela, a saltos cortos, o cuándo correr velozmente. Tú decides.

Ahora que te has reconocido como eres, ¿de qué te das cuenta? ¿Cómo has vivido estas situaciones en los últimos tiempos? ¿Sabes qué necesitas hacer? Ahora que lo has decidido, ¿qué vas a hacer?

Yolotli, «corazón»

Espacio para dirigir la mirada al interior y agradecer el funcionamiento de una maravillosa maquinaria, el cuerpo.

Inducción

Colócate en una posición cómoda, preferiblemente sentado y con la espalda recostada contra la pared, o contra cualquier otro mueble o respaldo. Si lo deseas, puedes estar acostado. Evita los objetos o prendas que te estorben. Prepara tu tiempo de meditación para que no seas interrumpido por llamadas telefónicas, móviles, alarmas o cualquier otro sonido. Es conveniente colocar cerca de ti una vasija con flores o un canasto con frutas aromáticas. Preferiblemente, no uses incienso. Ahora comienza a leer lenta y pausadamente. Si quieres, graba tu voz y, a continuación, cierra los ojos –que mantendrás cerrados durante todo el ejercicio– y escucha.

Trance

Así, en trance, concentro toda mi atención y energía en mi respiración. Inspiro profundamente y siento cómo el aire entra en mis pulmones, suave y libremente, lleva el oxígeno que me da energía y vida. Ahora exhalo y permito que el aire salga suavemente, eliminando todo el dióxido de carbono que mi cuerpo no necesita.

De esta manera, me doy cuenta de que mi cuerpo es dueño de una gran sabiduría, pues sabe tomar de fuera lo que necesita y es bueno. Y también sabe eliminar todo lo que no requiere, lo que no es bueno.

Ahora comienzo a relajar mis pies, siento cómo descansan suavemente, sin ningún esfuerzo. Siento también cómo mis piernas se relajan y descansan. Concentro toda mi atención en mis caderas, que también reposan relajadamente. Permito que mi abdomen se relaje, se libere y descanse. Siento ahora mi espalda, suavemente recargada, sin hacer ningún esfuerzo. En este momento voy a sentir mis hombros, mis brazos y mis manos, que descansan plácidamente a ambos lados de mi cuerpo. Permito que mi cuello se libere, se relaje y descanse. Siento ahora mi cara y dejo que se distienda, se suavice y descanse. Permito que esta relajación suba hasta mi frente, que ahora se siente libre y despejada.

Así, completamente relajado y suave, dirijo toda mi atención y energía a la parte más íntima y central de mi cuerpo: voy a ver a mi corazón.

Allí lo veo. Hace lo que sabe hacer muy bien: palpitar. Y lo hace rítmicamente, a su propio tiempo, sin prisas, relajado. Mi corazón, que con cada latido impulsa la sangre, esa sangre que lleva oxígeno, energía y fuerza a cada parte de mi cuerpo. En este momento, siento cómo mi corazón palpita, y con ese latido impulsa la sangre hacia abajo, que recorre mi abdomen, mis caderas, mis piernas y mis pies, hasta llegar a los dedos de los pies. Allí, en los dedos, siento la fuerza, la energía, el oxígeno y la vida. Y me siento bien, me siento muy bien.

La sangre fluye ahora de los dedos de mis pies a mis piernas, a mis caderas, a mi abdomen, y vuelve al corazón. Entonces mi corazón palpita, y con ese latido impulsa la sangre que fluye suavemente hacia las extremidades, recorriendo mis hombros, mis brazos, mis manos y los dedos de mis manos. Y siento allí la fuerza, la energía, el oxígeno y la vida. Y me siento bien, muy bien. En este momento, la sangre comienza a fluir de mis dedos a mis manos, a mis brazos, a mis hombros y vuelve al corazón.

Mi corazón palpita, y con ese latido impulsa la sangre, que sube suavemente por mi cuello, mi cara, mi frente y entra en mi cerebro. Ahora es mi cerebro el que se siente lleno de fuerza, energía, oxígeno y vida. Y mi cerebro se siente bien, muy bien; tan bien, tan lleno de fuerza, de energía y de vida que quiere darle las gracias al corazón, y le dice: «¡Gracias, muchas gracias, corazón, por la sangre que envías en cada momento y que me hace sentir lleno de fuerza, vida y energía! ¡Gracias, corazón!». El corazón responde: «¡Bien, muy bien!, qué alegría que me des las gracias, cerebro, porque yo te mando esta sangre con mucho gusto, con mucha alegría. Porque tú, cerebro, eres el órgano más importante de... –di tu nombre, meditante–. Gracias a ti, este hombre o mujer ha logrado lo que se ha propuesto en la vida, ha conseguido... –menciona aquí tus logros en el trabajo, en la familia, o lo que desees–». Al escuchar esto, el cerebro se siente todavía más contento.

Está tan contento el cerebro que ahora quiere darles las gracias a todos. Y dice: «Gracias, muchas gracias, ojos, que me permitís ver. Que me permitís disfrutar de tantas cosas maravillosas que hay en este mundo: la belleza de un atardecer, la inmensidad del mar, la hermosura del campo; ojos que me habéis permitido estudiar, leer y aprender para ser lo que soy ahora en mi vida. Gracias, ojos, que me permitís ver el rostro de las personas que amo. Gracias, oídos, que me permitís disfrutar de tantos sonidos maravillosos: el rumor de las olas del mar, el murmullo del viento en las ramas de los árboles, el canto de los pájaros, la música, las risas de los niños. Gracias, oídos, que me permitís oír las voces de las personas que amo. Muchas gracias, nariz, porque me ayudas a disfrutar de tantos olores exquisitos: el olor del campo, el perfume de las flores, el aroma tierno y delicado de un bebé. Gracias, boca, que me sirves para hablar y expresarme, para decir lo que pienso, quiero y necesito. Porque me sirves para hablar de lo que soy, de lo que no permito y de lo que no quiero. Gracias también porque eres mi instrumento para el amor, porque me permites decir palabras amorosas, cariñosas, tiernas y besar. Gracias, cuello, porque sostienes mi cabeza y eres la conexión perfecta entre mi razón y mi acción, entre mi pensamiento y mi movimiento. Gracias, hombros, brazos y manos, que me servís para trabajar; por eso soy una persona activa, útil, productiva y emprendedora. Gracias, también, brazos y manos, que me servís para expresar mi amor, porque con vosotros puedo abrazar y besar.

»Muchas gracias, pulmones y corazón, porque me mantenéis con vida desde el instante mismo en que nací. A veces me olvido de vosotros. Pero gracias, muchas gracias, porque nunca os olvidáis de mí, seguís ahí, hacéis vuestro trabajo discreta, pausada y saludablemente. Gracias, abdomen, pues contienes mi estómago, que me sirve para nutrirme y para gozar de los alimentos ricos que tanto me gustan. Muchas gracias, caderas, porque sostenéis mi cuerpo y contenéis en vuestro interior los órganos de mi sexualidad, que me hacen ser quien soy. El hombre —o la mujer— que soy. Y —si es el caso—, porque me dieron la capacidad de dar vida nueva, de tener hijos.

»Gracias, piernas y pies, que me servís para caminar, para moverme e ir adonde yo quiera, a bailar o a correr. Y, sobre todo, muchas gracias, pies, que me mantenéis en la tierra, viviendo mi realidad tal como es, sin falsas esperanzas, sin vanas realidades, sin fantasías; la vida como es en realidad.

»A todos vosotros, gracias, muchas gracias. Quiero que os sintáis bien, muy bien. Porque yo, cerebro, me siento muy bien».

Con este mensaje, que mi cuerpo ha recibido, y con este mensaje, que mi cerebro ha recibido, voy a iniciar suavemente el viaje de regreso a este lugar, a este sitio, en mi… –casa, oficina, jardín o el lugar donde te encuentres–. Ya estoy aquí.

Haz ahora una serie de tres respiraciones profundas.

Ahora sí, en el momento que desees, cuando lo decidas, abre los ojos.

Con el trabajo que acabas de hacer, ¿de qué te das cuenta?

Aquí el meditante acepta que su cuerpo es una maravilla y que trabaja única y exclusivamente para él. Que, al tener este cuerpo para su uso, beneficio y goce, tiene todo lo que necesita. Que ahora que le ha dado las gracias, puede continuar viviendo como en un diálogo entre amigos, apoyándose y ayudándose mutuamente.

5.
Meditación y alucinógenos

Algunas etnias mesoamericanas recurrían a los alucinógenos para sus rituales, siempre religiosos y en ocasiones medicinales.

Sin embargo, la ingesta de hongos o peyote nunca se realizaba durante la meditación, pues siempre fue considerado un acto muy personal de recogimiento, reflexión y visualización interna.

Los alucinógenos cumplían otra función, como entrar en contacto con los dioses y buscar revelaciones, con el fin de conocer el futuro, hallar explicación sobre algún misterio o encontrar la solución de problemas mayores, como las inundaciones, las epidemias, las sequías, las plagas en las tierras plantadas, la actitud dictatorial de algún jefe o los enfrentamientos con tribus o pueblos enemigos.

El peyote es una cactácea endémica de la región centronorte de México. Ha sido consumido ritualmente por las tribus huicholes y coras, y por los tarahumaras. Esta planta alucinógena pertenece a la especie *Lophophora williamsii*. Se come el botón crudo aunque también se puede ingerir cocido o como tisana.

El ingrediente activo es una fenilalanina-tirosina, y el efecto es psicodélico. Genera estados de excitación, placer indescriptible y alucinaciones visuales y auditivas.

Los hongos alucinógenos eran consumidos por las etnias de mazatecos y zapotecas, en las alturas de la sierra de Oaxaca. Se consumían, igual que en el caso del peyote, con fines religiosos. Las especies más conocidas son la *Psilocybe* mexicana, la *Amanita muscaria* y la *Pantherina*. Estos hongos eran llamados *teonanácatl*, que significa «carne de dios».

Dejemos, pues, claramente establecido que una sesión alucinógena tenía una finalidad religiosa y no era un acto de meditación. Nuestros ancestros siempre meditaron sin el uso de sustancias estimulantes.

6.
Cierre de sesión

Al término de una sesión de meditación, la persona puede continuar con sus actividades o darse un tiempo de reposo.

Si el meditante acostumbra a realizar su sesión por la mañana, no habrá ningún inconveniente en que después de ello se dirija a su trabajo.

Si la practica al mediodía o por la tarde, puede tomar una breve siesta. Esto lo ayudará a que los cambios internos que se han producido se acomoden, y el beneficio sea mayor.

Si se medita por la noche, lo ideal es que se acueste a dormir. Durante el sueño, el cerebro y el cuerpo harán la integración. A la mañana siguiente, sentirá el beneficio de su sesión.

Algunas personas se sienten muy estimuladas si al terminar de meditar reciben un masaje, se dan una ducha, un baño o toman una bebida reconfortante.

¿Qué hacían los aztecas tras meditar? Se metían en el temazcal, una construcción hemisférica hecha de piedra y barro. En el interior tomaban un baño de vapor. Sobre piedras volcánicas calentadas en fogatas exteriores, arrojaban agua fría y, al producirse el vapor, friccionaban su cuerpo con arena, gel de maguey (agave tequilana) o sábila (áloe vera) o se daban golpecitos en las piernas, los brazos y la espalda con ramas de mezquite (*prosopis glandulosa*) o de pirul (*schinus molle*). Para tonificarse, bebían una jícara con chocolate.

¿Qué puedo hacer yo después de meditar? Meditar es una actividad placentera; al finalizar la sesión, puedes tomar una ducha caliente o tibia, o darte un masaje, preferiblemente con fricción de aceites aromáticos. Para completar el momento de gozo, se recomienda beber una taza de chocolate caliente. Y –¿por qué no?–, si lo deseas, puedes beberte una copita de tequila o de mezcal.

Meditar es escuchar la voz del corazón

El verdadero tolteca todo lo saca de su corazón,
obra con deleite, hace las cosas con calma,
obra como tolteca, compone cosas,
obra hábilmente, crea,
arregla las cosas, las hace atildadas,
hace que se ajusten.

CÓDICE DE CHIMALPAIN

La gloria de México, Tenochtitlán

Desde donde se posan las águilas,
desde donde se yerguen los jaguares,
el Sol es invocado,
como un escudo que baja.
Así se va poniendo el Sol,

Cierre de sesión

en México está cayendo la noche,
la guerra merodea por todas partes.
¡Oh, Dador de la vida, se acerca la guerra!
Orgullosa de sí misma,
se levanta México, Tenochtitlán.
Aquí nadie teme a la muerte en la guerra,
esta es nuestra gloria, este es tu mandato,
¡oh, Dador de la vida!

Cantares mexicanos

Bibliografía

CASO, ALFONSO, *El pueblo del Sol*, Madrid, Fondo de Cultura Económica de España, 1996.

GARIBAY, ÁNGEL MARÍA, *Historia de la literatura náhuatl*, Ciudad de México, Editorial Porrúa, 1987.

FERNÁNDEZ, ADELA, *Dioses prehispánicos de México*, México, Panorama, 1992.

LADRÓN DE GUEVARA, SARA, *El Tajín. La urbe que representa al orbe*, México, Fondo de Cultura Económica, 2010.

LE CLÉZIO, J. M. G., *El sueño mexicano o el pensamiento interrumpido*, México, Fondo de Cultura Económica, 2010.

LEÓN PORTILLA, MIGUEL, *Aztecas-Mexicas. Desarrollo de una civilización originaria*, Madrid, Algaba, 2004.

—, *Literaturas indígenas de México*, México, Promexa, 1985.

—, *Los antiguos mexicanos*, México, Fondo de Cultura Económica, 2010.

LÓPEZ AUSTIN, ALFREDO, *El pasado indígena*, México, Fondo de Cultura Económica, 2014.

—, *Textos de medicina náhuatl*, México, UNAM, 1993.

LÓPEZ DE LA PEÑA, XAVIER, *Medicina náhuatl. Ensayo documental*, México, MFM, 1983.

MATOS MOCTEZUMA, EDUARDO, *Teotihuacan*, México, Fondo de Cultura Económica, 2012.

SAHAGÚN, BERNARDINO DE, *Historia general de las cosas de la Nueva España*, México, Porrúa, 2013.

SODI, DEMETRIO, *Así vivieron los mayas*, México, Panorama, 1987.

—, *Los mayas*, México, Panorama, 1991.

SOUSTELLE, JACQUES, *Pensamiento cosmológico de los antiguos mexicanos*, Puebla (México), Federación Estudiantil Ploblana, 1959.

URRUTIA, MARÍA CRISTINA, *Ecos de la Conquista*, México, SEP, 1992.

Su opinión es importante.
En futuras ediciones, estaremos encantados
de recoger sus comentarios sobre este libro.

Por favor, háganoslos llegar a través de nuestra web:

www.plataformaeditorial.com

Plataforma Editorial planta un árbol
por cada título publicado.